体力づくりのための
スポーツ科学

湯浅景元
青木純一郎
福永哲夫
編

朝倉書店

執筆者

湯浅 景元（ゆあさ かげもと）	中京大学教授
室伏 重信（むろふし しげのぶ）	中京大学教授
梅村 義久（うめむら よしひさ）	中京大学教授
平田 敏彦（ひらた としひこ）	岡山県立大学短期大学部教授
勝亦 紘一（かつまた こういち）	中京大学教授
松岡 弘記（まつおか ひろき）	愛知大学助教授
石井 直方（いしい なおかた）	東京大学教授
村岡 功（むらおか いさお）	早稲田大学教授
殖田 友子（うえだ ともこ）	ミューズスポーツ栄養ネットワーク代表
杉浦 克己（すぎうら かつみ）	明治製菓ザバススポーツ＆ニュートリション・ラボ所長
高梨 泰彦（たかなし やすひこ）	中京大学講師
大西 範和（おおにし のりかず）	愛知みずほ大学助教授
前田 明（まえだ あきら）	秋田大学医学部助手
生山 匡（いくやま ただし）	山野美容芸術短期大学教授
吉田 弘法（よしだ ひろのり）	足利工業大学助教授
大澤 清二（おおさわ せいじ）	大妻女子大学教授
菊地 潤（きくち めぐみ）	日本女子体育大学助手
加賀谷 淳子（かがや あつこ）	日本女子体育大学教授
大平 充宣（おおひら よしのぶ）	鹿屋体育大学教授
伊藤 博之（いとう ひろゆき）	聖路加国際病院

（執筆順）

まえがき

　学生時代は，まさに「おおいに学び，おおいに遊ぶ」ことができる時間である．高校までとは異なり，好きな分野の学問を集中して勉強することができ，またアルバイトなどを通じて人間関係や社会の仕組みを学ぶこともできる．友人らとスポーツや旅行を楽しむ機会も増え，さまざまな経験を通じて生きる力を養うことができる．

　ところで，学ぶためにも遊ぶためにもそれなりの体力が必要であり，体力が不足していると思い切り学ぶことも遊ぶこともできない．生き生きと学生時代を送るには，体力を養っておかなければならず，そのためには正しい知識を持って，適切な方法で運動することがたいせつである．

　かつて，「運動は苦しいほど効果がある」とか「運動中に水を飲むとスタミナがなくなる」ということが信じられていた時代があったが，スポーツ科学が発達してきた現在では，このような方法はかえって体力を低下させることがわかっている．運動は適切に行えば体力を高める効果があるが，間違った方法で行うと体力低下やスポーツ障害の原因ともなる．

　このテキストでは，主に学生を対象として，体力づくりに必要なスポーツ科学の知識と，正しい運動方法を紹介した．多くの若者たちがここに書かれていることを理解し，適切な方法で運動を実践する習慣を身につけ，有意義な生活を送ることが著者たちの願いである．

　最後に，本書の出版にあたり多大な御助力をいただいた朝倉書店の方々に，心から感謝の意を表したい．

2001年3月

編　者

目　次

I　学生と体力

1　一生における大学時代の体力 ……………………………（湯浅景元）‥2
　1.1　人間の一生　*2*
　1.2　大学時代の体力　*2*
　1.3　大学時代の体力トレーニング　*4*
2　大学生のライフスタイルと体力 ……………………………（湯浅景元）‥7
　2.1　大学生のライフスタイル　*7*
　2.2　大学生の健康状態　*7*
　2.3　大学生の食生活　*11*
　2.4　大学生の運動習慣　*12*
　2.5　大学生の飲酒・喫煙と体力　*13*

II　体力づくりのためのトレーニング

3　筋力を強くするためのトレーニング……………………（室伏重信）‥16
　3.1　どうして筋力を強くしなければいけないのか　*16*
　3.2　筋力はどのようにして高めるのか　*19*
　3.3　日常生活の中に筋力アップを試みる　*20*
4　骨を丈夫にするためのトレーニング……………………（梅村義久）‥27
　4.1　骨と運動　*27*
　4.2　骨の代謝とメカニカルストレス　*28*
　4.3　骨を丈夫にするトレーニング　*33*
5　持久力を高めるためのトレーニング……………………（平田敏彦）‥35
　5.1　持久力とは　*35*
　5.2　持久力の発達とトレーニング効果　*36*
　5.3　持久力を高めるためのトレーニング　*40*

6 柔軟な体をつくるためのトレーニング……………………（勝亦紘一）‥45
6.1 柔軟な体について　*45*
6.2 柔軟な体をつくるトレーニング　*46*
7 敏捷性を高めるためのトレーニング………………………（松岡弘記）‥56
7.1 敏捷性とは何か　*56*
7.2 「敏捷性が高い」とは　*57*
7.3 敏捷性を高める方法　*57*
8 肥満の予防や解消のためのトレーニング…………………（湯浅景元）‥67
8.1 肥満とは　*67*
8.2 なぜ肥満を予防・解消するのか　*68*
8.3 なぜ肥満になるのか　*70*
8.4 肥満の予防や解消のためのトレーニング　*71*

III　体力づくりのための生活習慣と食事

9 体力づくりのための食事……………………………………………………*78*
9.1 運動と栄養　（湯浅景元）　*78*
9.2 筋肉づくりのための食事　（石井直方）　*83*
9.3 骨づくりのための食事　（梅村義久）　*90*
9.4 スタミナづくりのための食事　（村岡　功）　*95*
9.5 疲労回復のための食事　（殖田友子）　*103*
9.6 肥満解消のための食事　（杉浦克己）　*107*
10 疲労を回復するための休養法……………………………（高梨泰彦）‥113
10.1 疲労とは　*113*
10.2 疲労回復の方法　*114*
11 体調を整えるための水分補給……………………………（大西範和）‥122
11.1 身体の中の水－体液　*122*
11.2 体液のバランス　*122*
11.3 発汗と脱水　*124*
11.4 水分補給のこつ　*127*
12 オーバートレーニングの予防……………………………（前田　明）‥130
12.1 オーバートレーニングとは　*130*

12.2　オーバートレーニング発生の要因　*130*
  12.3　オーバートレーニングの予防　*131*
  12.4　まとめ　*138*
13　日焼けの予防 ……………………………………（生山　匡）‥*140*
  13.1　紫外線障害の予防は若齢期から必要　*140*
  13.2　皮膚の構造と働き　*140*
  13.3　紫外線の種類と皮膚への影響　*141*
  13.4　紫外線による日焼け，サンバーンとサンタン　*142*
  13.5　紫外線の放射特性（日内変動，季節差など）　*143*
  13.6　日焼け予防の原則，方法，注意点　*143*
  13.7　紫外線の影響における個人差　*145*
  13.8　皮膚の健康は心身の健康から　*145*
14　ケガの予防 ………………………………………（吉田弘法）‥*147*
  14.1　トレーニング時のケガや障害につながる原因　*147*
  14.2　ケガを予防するための注意点　*148*
  14.3　ケガや障害の予防と解消　*150*
15　飲酒，喫煙と体力低下 …………………………（大澤清二）‥*156*
  15.1　飲　酒　*156*
  15.2　喫　煙　*157*

Ⅳ　女性の体力づくり

16　月経と運動 …………………………（菊地　潤・加賀谷淳子）‥*162*
  16.1　月経のしくみ　*162*
  16.2　月経周期にともなう身体の変化と運動　*164*
  16.3　運動と月経異常　*165*
17　運動による貧血の防止 …………………………（大平充宣）‥*169*
  17.1　貧血とは　*169*
  17.2　運動によっておこる貧血とその原因　*169*
  17.3　運動による貧血を防ぐには　*171*
18　骨粗鬆症 …………………………………………（梅村義久）‥*172*
  18.1　骨粗鬆症とは　*172*

18.2　若いうちから予防をする　*172*

　18.3　骨粗鬆症を防ぐための運動　*173*

　18.4　骨粗鬆症を防ぐための栄養　*174*

　18.5　骨粗鬆症を防ぐためのその他の生活習慣　*174*

19　妊娠と運動 ……………………………………（伊藤博之）‥*176*

　19.1　妊婦の生理　*176*

　19.2　妊婦の運動処方　*177*

　19.3　妊婦スポーツの効果　*181*

　19.4　将来への展望　*181*

V　生涯にわたる体力づくり

20　家庭でできる体力づくり ……………………（湯浅景元）‥*184*

　20.1　エアロビクス　*184*

　20.2　レジスタンス　*187*

　20.3　ストレッチング　*190*

21　スポーツを利用した体力づくり ……………（湯浅景元）‥*193*

　21.1　体力づくりを目指したスポーツの習慣化　*193*

　21.2　生涯にわたる体力づくりのためのスポーツ　*193*

索　　引 ………………………………………………………………*201*

I 学生と体力

1

一生における大学時代の体力

1.1 人間の一生

　人間は誕生から死までの間，ある年数を生きる．この年数を寿命という．日本人の寿命は平均すると男性では77歳以上，女性では83歳以上に達している．この長い年数の間に，私たちは体の構造や機能が発育する時期，成熟する時期，そして老化する時期を経験する．人間が一生にわたって健康で充実した生活を送るためには，それぞれの時期に合った方法で運動を行い，栄養を摂取することが必要である．

　大学生は，思春期から青年期の時期にあたる（表1.1）．この時期は，体の大きさや体力などの発育発達が終わり成熟が完成する頃である．

1.2 大学時代の体力

表1.1 人間の一生の年齢による区分（吉川，1990[1])）

出生前期	細胞期	受精—分裂初期
	胚芽期	受精3ヶ月
	胎児期	4ヶ月以降
小児期	新生児期	出生—4週
	乳児期	—1歳
	幼児期	—6歳
	学童期	小学校
	思春期	中学・高校
成人期	青年期	20—29歳
	壮年期	30—49歳
	中年期	40—59歳
高齢期	高齢期前期	60—79歳
	高齢期後期	80歳—

a．身　　長

　身長は，生後から伸び続けて，男子では15歳頃，女子では14歳頃にピークに達する（図1.1）．このときには，男女とも出生時身長のほぼ3倍に達している．その後，40歳頃まで身長のピークが保持され，それ以降は年齢とともに身長が低くなっていく．大学生時代の身長はピークを維持する時期であり，この時期に身長が伸びることはあまりない．

　身長は，おもに骨の長軸方向の成長によって影響されている．この骨の成長の度合

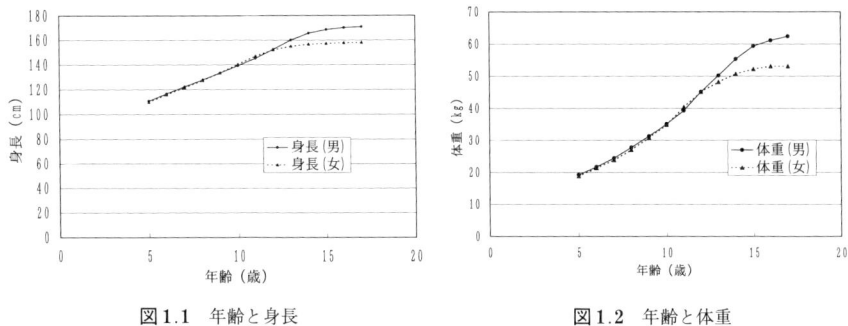

図1.1　年齢と身長　　　　　　　図1.2　年齢と体重

いは成長ホルモンによって決まる．成長ホルモンが活発に分泌されている思春期の終わりまでは，骨の先端部分の細胞がたえずつくられて骨が伸びる．大学生の頃になると，成長ホルモンの分泌が減って，骨の長軸方向への成長はおこらなくなり，身長の伸びも止まるのである．

　男子大学生の平均身長は171 cm，女子大学生の平均身長は158 cmである．

b．体　　重

　体重は身体発達の総合的な指標であり，骨格，筋肉，脂肪，内臓，血液，水分など体を構成するあらゆるものに関連している．体重は14，5歳まで急激に増加して，出生時体重のおよそ15～16倍に達する（図1.2）．その後，大学生の頃まで体重には大きな変化は見られない．

　しかし，体重は後天的な影響を受けやすい．栄養過多で運動不足の生活状態が続くと，肥満となって体重は増加する．逆に，栄養摂取が不足し，運動が過剰な状態が続くと体重は減少する．体重は，栄養摂取量や運動量によって影響されるので，日頃から適正体重を維持するように心がけることが必要である．

　男子大学生の平均体重は63 kg，女子大学生の平均体重は53 kgである．

c．持　久　力

　持久力は最大酸素摂取量で評価できる．最大酸素摂取量とは，単位時間あたりに体内に取り入れて利用できる酸素の最大量をいう．最大酸素摂取量は，男女とも15歳頃までは急上昇し，18歳頃までピークが続く．その後，男子では20歳から，女子では18歳頃から最大酸素摂取量は低下しはじめる（図1.3）．持久力は大学生の頃からすでに低下がはじまるといえる．

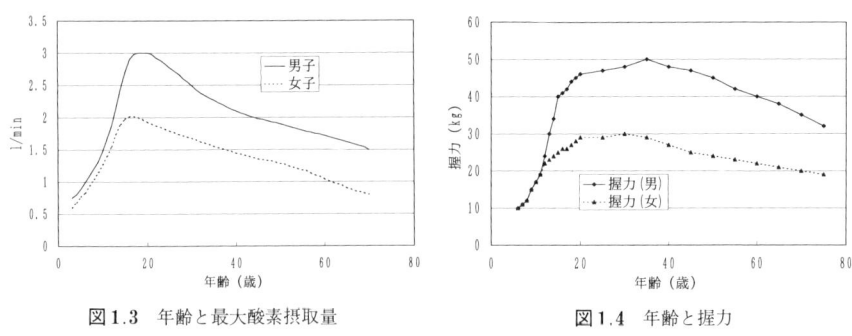

図1.3 年齢と最大酸素摂取量　　　図1.4 年齢と握力

疲れにくいスタミナのある体を維持するためには，ウオーキングやジョギングなどを定期的に行うことが必要である．

d．筋　　力

握力についてみると20歳までは年齢とともに増加し，20歳頃にピークに達する．このピークは40歳頃まで維持される（図1.4）．背筋力は，握力と同様に20歳頃にピークになり，そのピークは40歳頃まで保持される．

しかし，脚力については20歳以降は年齢とともにしだいに低下する．

大学生からは，階段や坂道の上り下りやスクワットなどの運動を意識して取り入れて，脚力の低下を抑えるようにすることが望ましい．

1.3　大学時代の体力トレーニング

a．運動不足による体力低下の解消

男女とも，大学生になるまでにあらゆる体力は一生の中で最大に発達する．そして，運動を定期的に続ければそのピークは大学生時代を通じて維持される．もし，運動不足の状態が続けば若者であっても体力は低下していく．

体力は，運動不足によって衰えたとしても，適切なトレーニングを継続して行えばもとのレベルに戻るだけでなく，それ以上に高まることができるという性質をもっている．この性質を利用すれば，受験準備などで大学入学までの間に運動不足であった人でも，適切なトレーニングを行うことによって体力を回復させ，維持することができる．

b．トレーニングの原則

 体力の維持向上のためにトレーニングを行うときは，安全で効果的な方法で行わなければならない．そのためには，次のようなトレーニングの原則を守ることである[3,4]．

1） 漸進性の原則

 トレーニングを行うときには，まず日常生活で経験するよりも少し強い強度からはじめ，体が運動に慣れるにしたがって徐々に運動強度を高めていく．これを"漸進性の原則"という．久しぶりに運動を行うときには，決して無理しないで軽めの運動からはじめるようにしよう．

2） 個別性の原則

 トレーニングの効果を安全に引き出すには，運動を行う人の体力や健康の状態や好みに合った方法で行わなければならない．体力の低い人は，強度も低いレベルで運動を行い，体力の高い人は比較的高い強度で運動するのがよい．自分の体に合わせて強度を調節することがたいせつである．

 また，運動種目も自分の好みに応じて選ぶ方がトレーニングを継続しやすい．たとえば，持久力を高めるときには，歩くことが好きな人はウォーキングを選べばよい．走ることが好きな人はジョギングでよい．自転車が好きな人はサイクリングでもよい．大学生時代は，いろいろなスポーツ種目に出会える時期でもある．自分の好みに合ったスポーツ種目を見つけて，運動を継続する習慣をこの時期に身につけることが将来の体力維持のためにもたいせつである．

3） 反復性の原則

 トレーニングの効果は，運動をくり返し行うことを長期間継続しなければ現れない．一般的には，トレーニングの効果を得るには1週間に3〜5回トレーニングを行うことを数ヵ月継続する必要がある．

4） 全面性の原則

 大学生時代は持久力，筋力，柔軟性などほぼあらゆる体力が一生でピークになる時である．この時期は，1つの運動だけ行うのではなく，持久力を高めるエアロビクス，筋力を強化するレジスタンス，柔軟性を向上させるストレッチングの3種類の運動を組み合わせてトレーニングを行い，体力全般を高めるようにすることが重要である．

〔湯浅景元〕

参 考 文 献

1) 吉川政巳：老いと健康，岩波書店，1990.
2) 東京都立大学体育研究所：日本人の体力標準値　第4版，不昧堂書店，1989.
3) 湯浅景元：よくわかるスポーツサイエンス，サニーサイドアップ，1989.
4) 小林敬和編著：からだづくりのサイエンス，メトロポリタン出版，1999.

2

大学生のライフスタイルと体力

2.1 大学生のライフスタイル

　大学生の日常の生活行動を調査した結果がある（表2.1）．平日を見ると，睡眠に7時間，食事に1時間，勉強に1～1.5時間，通学に1～1.5時間，レジャーに0.5～1時間を費やしている．

　女子大学生の結果ではあるが，生活パターンの調査結果の報告もみられる（表2.2）．平均すると3.8%が朝型，40.3%が昼型，42.9%が夜型である．女子大学生の40%以上が午前0時過ぎに就寝する夜型の生活パターンである．社会全体が夜型の生活パターンになってきてはいるが，人間にとってこれは決して好ましくはない．なぜなら，地球の自転にともなって明暗はほぼ24時間周期で交代する．それを受けて，人間は日が昇ると目覚め，明るいうちに食事をとり，勉強や遊びなどの活動を行う．一方，日が沈むと眠りに落ち，体は不活発になって休息をとるようになる．人間の体の働きは，1日を周期とするリズムによって変化する．

　図2.1は，体のさまざまな働きが最高値を示す時刻をまとめたものである[3]．活動力，気分，記憶力は真昼に高くなっている．このことから学習はその頃に行うのが効果的であることがわかる．また，活動力，体温，脈拍，換気量，血圧，酸素消費量なども真昼頃に最高値を示すことから，運動や身体を使う仕事も昼頃に行うことがよいことがわかる．このような生体に備わっている周期にあわせて生活パターンをつくることが健康や体力の維持増進には必要なことである．

2.2 大学生の健康状態

　女子大学生を対象に，健康上不快に感じている症状を調査した結果が報告されている（表2.3）．

2. 大学生のライフスタイルと体力

表 2.1 日常の生活行動時間（中神他，1981）

		男子 (501名) 平日	男子 (501名) 休日	女子 (329名) 平日	女子 (329名) 休日
(1) 生活時間	睡　眠	7:01 ± :55	8:28 ± 1:09	6:51 ± :50	7:58 ± 1:07
	食　事	1:04 ± :25	1:10 ± :29	1:06 ± :25	1:12 ± :30
	勤　労	:43 ± 1:30	1:17 ± 2:42	:24 ± 1:13	1:08 ± 2:31
	勉　強	1:06 ± :51	1:12 ± 1:07	1:25 ± :58	1:41 ± 1:17
	休　養	2:05 ± 1:45	3:28 ± 3:11	1:50 ± 1:38	3:06 ± 3:04
	通学時間	1:26 ± 1:12		1:18 ± 1:16	
	レジャー活動	:54 ± 1:04	2:34 ± 2:15	:25 ± :45	2:09 ± 2:15
	新聞・雑誌・レコード	1:11 ± :54	1:42 ± 1:27	:46 ± :43	1:10 ± 1:01
	テレビ・ラジオ	2:19 ± 1:13	3:17 ± 1:50	1:35 ± 1:23	2:28 ± 2:08
	在宅（寮）時間	12:39 ± 2:24	16:23 ± 4:16	13:45 ± 2:25	19:00 ± 4:23
(2) 余暇時間	交際（個人的つき合い）	1:20 ± 1:37	2:44 ± 2:40	1:26 ± 2:27	2:43 ± 3:08
	交際（社会的つき合い）	:51 ± 1:38	1:00 ± 2:07	1:48 ± 3:24	1:18 ± 2:51
	休養（くつろぎ・静養）	2:03 ± 1:45	3:30 ± 2:49	1:39 ± 1:30	3:02 ± 2:35
	静養（病気・静養）	:07 ± :38	:11 ± :52	:02 ± :20	:06 ± :54
	レジャー活動（文化的）	:37 ± :55	:54 ± 1:23	:22 ± :44	:42 ± 1:25
	レジャー活動（スポーツ的）	:32 ± :53	1:01 ± 1:23	:28 ± :44	:24 ± :52
	レジャー活動（見物・散歩・鑑賞）	:35 ± :56	1:45 ± 2:02	:32 ± :58	2:08 ± 2:18
	レジャー活動（勝負ごと）	:26 ± :51	:56 ± 1:31	:02 ± :11	:05 ± :34
	技能・資格取得のための勉強	:16 ± :47	:11 ± :39	:29 ± 1:11	:21 ± :48

1日の所要時間　（例）7:01 は 7 時間 01 分を表す．

表2.2 女子大学生の生活パターン[2]

生活パターン	文科系	医学系	理工系	食物系	音楽系	体育系	全体
朝　型	3.8%	2.1%	5.1%	2.5%	6.8%	3.1%	3.8%
昼　型	31.3%	43.2%	40.7%	44.4%	34.2%	48.4%	40.3%
夜　型	50.0%	47.4%	42.4%	43.2%	39.7%	31.3%	42.9%
不規則型	15.0%	15.0%	11.9%	9.9%	19.2%	17.2%	13.1%

朝　　型：午前6時前に起床する．
昼　　型：午前6〜8時頃起床し，午前0時までに就寝する．
夜　　型：午前0時以降に就寝する．
不規則型：起床時間と就寝時間が決まっていない．

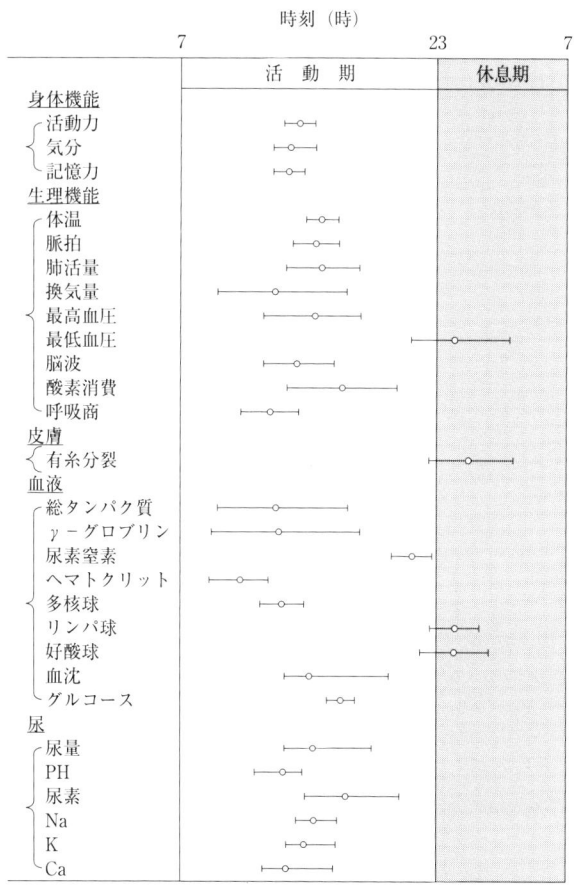

図2.1 ヒトの機能が最大値を示す時刻（F. Halberg, 1980；A. Reinberg, 1970 より）

表 2.3　女子大学生の不定愁訴（井上他，1995[2]）より一部改変）

不定愁訴	文科系	医学系	理工系	食物系	音楽系	体育系	全体
疲れやすい	35.8%	45.7%	52.0%	41.0%	50.0%	40.4%	43.7%
風邪をひきやすい	18.5%	17.4%	24.0%	24.4%	26.5%	21.1%	21.6%
めまいがする	14.8%	4.3%	12.0%	9.0%	19.1%	19.3%	12.4%
貧血	18.5%	5.4%	18.0%	14.1%	30.9%	26.3%	17.8%
生理不順	16.0%	14.1%	24.0%	26.9%	16.2%	17.5%	18.8%
イライラする	4.9%	9.8%	18.0%	14.1%	13.2%	14.0%	11.7%
目覚めが悪い	18.5%	30.4%	28.0%	19.2%	30.9%	26.3%	25.4%
寝つきが悪い	12.3%	9.6%	10.0%	12.8%	10.3%	19.3%	12.2%
食欲がない	0.0%	0.0%	2.0%	2.6%	8.8%	3.5%	2.6%
肩がこる	53.1%	28.9%	56.0%	48.7%	47.1%	45.6%	49.8%
腰が痛む	22.2%	12.0%	26.0%	23.1%	16.2%	42.1%	22.3%
便秘しやすい	43.2%	31.5%	38.0%	28.2%	36.8%	17.5%	32.9%
下痢しやすい	9.9%	7.6%	12.0%	9.0%	14.7%	10.5%	10.3%
生理痛がひどい	25.9%	21.7%	20.0%	28.2%	22.1%	22.8%	23.7%
脱力感がある	6.2%	9.8%	18.0%	12.8%	19.1%	10.5%	12.2%
アレルギー	21.0%	14.1%	36.0%	17.9%	25.0%	22.8%	21.6%

　全体の 20% 以上の人が訴えている症状は，「疲れやすい」，「風邪をひきやすい」，「目覚めが悪い」，「肩がこる」，「腰が痛む」，「便秘しやすい」，「生理痛がひどい」，「アレルギー」である．この中でも，「疲れやすい」と「肩がこる」は全体の 40% 以上の人が訴えている症状である．「疲れやすい」と訴える者は最近の大学に多く見られるが，その原因の 1 つに運動不足による体力低下があげられる．

2.3 大学生の食生活

体力や健康を維持増進するためには，適切な食生活を送らなければならない．体育系の男女大学生について食生活を調査したところ，1日に3回以上の食事をとっているものは全体のほぼ50%であり，2回以下のものは約40%であることがわかった（表2.4）．また，朝食を必ずとっているものは44.4%である．他の調査でも同様の結果を得ており，大学生の多くは朝食を抜いた1日2回食であることが特徴である．

朝食を欠食する大学生がほぼ半分いる理由として，自宅以外の下宿や寮での一人生活，夜型の生活，めんどう，金銭不足などがあげられる．大学生が健康な体を維持するためには，1日に2000キロカロリーは食物から摂取する必要がある．また，健康な体をつくるために必要な栄養素も食事によって摂り入れなければならない．欠食は決して健康や体力を維持するために好ましいものではない．1日3食を規則的にとる習慣を身につけることが必要である．

表2.4 体育系学生の食生活（増岡・湯浅，1994[3]）より一部改変）

食生活	回答	男子	女子
一日の食事回数	1回	0.2%	0.5%
	2回	39.8%	16.2%
	3回	45.5%	74.2%
	4回以上	3.4%	2.5%
	無回答	0.2%	1.0%
朝食	必ずとる	18.8%	44.4%
	時々ぬく	30.9%	37.4%
	あまりとらない	27.6%	11.6%
	とらない	22.7%	6.1%
	無回答	0%	0.5%
昼食	必ずとる	63.9%	73.9%
	時々ぬく	32.8%	18.7%
	あまりとらない	3.2%	1.5%
	とらない	0%	0%
	無回答	0%	0.5%
夕食	必ずとる	90.9%	82.8%
	時々ぬく	7.8%	15.7%
	あまりとらない	1.1%	1.0%
	とらない	0.2%	0%
	無回答	0%	0.5%

2.4 大学生の運動習慣

　女子大学生についてスポーツ実施状況を調査した結果によると，およそ40%の女子大学生が日常生活に運動をとりいれているが，約60%の学生は，体育の実技授業以外に運動を行う習慣がない（表2.5）．トレーニングの効果が現れる条件として最大の60%以上の強度での運動を週に3～5回くり返すことが必要である．大学生の多くはこの条件を満たしていないことが推測できる．大学生が日常生活の中で運動を行わない一番の理由は「時間がない」ということである[2]．しかし，体力や健康は自分で管理しなければならない．1日の中に運動する時間をつくり，運動習慣を定着することが体力や健康の維持増進のためにたいせつである．

表2.5 女子大学生のスポーツ実施状態（井上他，1995[2]）より一部改変）

運動経験	文科系	医学系	理工系	食物系	音楽系	体育系	全体
過去に運動経験がある	82.1%	70.8%	74.1%	73.2%	68.1%	98.5%	77.2%
日常生活に運動をとりいれている	39.8%	38.5%	30.5%	35.45	36.55	56.9%	39.4%
運動頻度							
毎日	12.5%	8.3%	22.2%	31.0%	40.7%	40.5%	25.7%
4-5回／週	18.8%	13.9%	16.7%	17.2%	11.1%	27.0%	17.9%
2-3回／週	50.0%	33.3%	50.0%	27.6%	25.9%	24.3%	34.1%
1回／週	18.8%	44.4%	11.1%	24.1%	22.2%	8.1%	22.3%

2.5 大学生の飲酒・喫煙と体力

a. 飲　　酒

　アルコールを摂りすぎると，神経調節系の働きが悪くなり，単純反応時間が延長する，立位姿勢の保持や歩行が困難になる，というような急性の運動機能低下をおこすことがある．

　アルコール摂取は神経系だけではなく肝臓，心臓，血管などへも悪影響を及ぼす．アルコールが分解される過程でできるアセトアルデヒドは，アルコールよりも毒性が強く，この作用によって自律神経の興奮状態がおこり，心臓のリズムが乱れ，血液中の水分や電解質のバランスが崩れ，体調が悪くなる．

　アルコールに対する耐性は個人差が大きいし，同じ人であってもそのときの心

身の状態によって大きく変わるので，適量を決めることはむずかしい．アルコールを飲む場合には軽いほろ酔い程度でとどめるのように心がけるのがよい．

b．喫　煙

　大学生の年齢になるとタバコを吸う者の割合が急増する．タバコも体の諸機能にさまざまな悪影響を及ぼす．

　タバコに含まれているニコチンは肺や口の粘膜から体内に吸収されて，血管を収縮させ，血液の流れを悪くし，血圧を上げる作用がある．そのために，脈拍は速くなり，心臓の負担は増加する．喫煙によって体内に取り入れられる一酸化炭素は運動能力を低下させたり，血管の壁に傷をつけて動脈硬化の原因になる．また，煙に含まれているアンモニアなどの刺激性ガスは慢性気管支炎や肺気腫をおこすことがある．

　喫煙は運動機能にも影響する．タバコを吸うと気道の粘膜は刺激を受けて膨張し，気道が狭くなる．気道が狭くなると呼吸にともなう空気の流れが悪くなり，呼吸がしづらくなる．安静中にはさほど影響はないが，運動を行うときには安静時よりも換気量や酸素摂取量を増やすために呼吸運動を激しくさせるが，このとき喫煙によって呼吸運動は制限される．　　　　　　　　　　　〔湯浅景元〕

参 考 文 献

1) 西山逸成・坂本静男編著：大学生のための健康科学，医歯薬出版，1997．
2) 井上直子他：専攻別にみた女子大学生の健康に対する意識と行動について．体力科学，**89**：32－39，1995．
3) 増岡和美・湯浅景元：中京大学体育学部生の食生活調査．中京大学体育学部論叢，**35** (2)，1994．
4) 福永哲夫・湯浅景元：コーチングの科学，朝倉書店，1999．

II 体力づくりのための
トレーニング

3

筋力を強くするためのトレーニング

3.1 どうして筋力を強くしなければいけないのか

a．行動が楽にできる体力を身につけるため

　現在ある私たちの身体は，日常の生活の中からつくられている．それはその時の目的に応じた，立つ，座る，横になる，歩く，素早く動く，物をもつ，投げる，その他多くの行動によってである．その行動は当然のことながら地球上で行われている．そしてその地球上には重力が働いている．私たちは無意識にもその重力に反発して行動し，その行動に応じ筋肉や神経そして循環器・呼吸器などの器官の能力が発達し，筋力や反応能力，持久力が身につくこととなる．中でも身体を動かし行動する源が筋力である以上，筋力は体力のすべてを司るものといえよう．そして，より多く，かつ多種の行動をしていくことが，全身の筋力を高め行動する体力の向上をさせていくことへとつながる．もしこれらの体力が失われたならば，私たちは大きな精神的苦痛を味わうことになるだろう．現在も，またこれから先も，この体力を失わないような努力が必要なのである．

　日常生活の中で試みることのできる，「行動できる体力」を最低限維持していくためのエックササイズを以下にあげる．

- 徒歩で20〜30分の距離であれば車に乗るよりも歩く
- 少しの階段であればエスカレーター，エレベーターを使わず自らの脚で上り下りする
- バッグなども背負うばかりでなく，時には手にもって歩く
- 安全なところであれば，数分間の短いジョギングを行う
- 階段を1段ずつできるだけ速く上る．またできるだけ速く下りる

a. 背中を丸めた良くない姿勢　　　b. 背筋(セスジ)を伸ばした良い姿勢

図 3.1

b．プロポーションを良くするため

　正しい姿勢を心がけることによりプロポーションは良くなる．プロポーションはとくに女性の気になるところであるが，それは男性といえども同じである．正しい姿勢は，すなわち背骨や他の骨格に負担をかけない姿勢であり，内臓も正常な位置に保ち働きやすくし，さらには性格も明るく前向きにするとも言われている．正しい姿勢を保持し，あるいは正しい姿勢で行動することにより，そのために使われる筋肉の発達がある．その姿勢づくりの具体例は以下のようになる．

　椅子に座って（図 3.1）　　両肩を後ろにもっていくようにして胸を張る．目線はまっすぐに目の高さあたり．これによって背筋(セスジ)が伸び，また腰椎あたりにカーブが感じられる．この姿勢をはじめは 20～30 分保持し，慣れてきたら少しずつ長くしていく．これにより，この姿勢を保持するための筋肉（とくに脊柱起立筋）が発達してくる．

　立って（図 3.2）　　座って行ったものと同じく両肩を後ろにもっていき胸を張る．目線をまっすぐ目の高さにして頭の位置を整える．背筋(セスジ)が伸び腰椎あたりにカーブを感じるようにする．これにより臀部の筋肉（大臀筋，中臀筋），大腿の筋肉（大腿四頭筋，大腿二頭筋），下腿の筋肉（腓腹筋，ヒラメ筋）などが正しい直立姿勢をとることで発達していく．とくに上半身の正しい姿勢の保持が重要となる．

　歩き，走って（図 3.3）　　「座って」，また「立って」において行った，とくに上半身の姿勢を保持し歩きまたは走る．着地した前脚に上半身が乗りやすくな

18　3. 筋力を強くするためのトレーニング

a. 背中を丸めた良くない姿勢　　b. 背筋を伸ばした良い姿勢
図3.2

a. 背筋を伸ばして歩く　　b. 背筋を伸ばして走る　　c. 背筋を伸ばして物を上げる
図3.3

り，地面の反発力も上半身の姿勢の良くないものより高まる．また物をもつ，もち上げるなどの動作においてもこの上半身の姿勢を保持していくことが重要である．

以上の姿勢を心がけ実践していくことでプロポーションは良くなっていく．

c．スポーツ選手であれば競技力向上のために

筋力はすべてのスポーツの競技力に大きな影響を及ぼす．それは地面や床，あるいは水の抵抗に反発する力の源が筋力だからである．筋力が強ければより反発力が強くなって瞬発力系スポーツの競技力を高めることになる．また，筋力は弱

くてもその筋の持続性が高ければ運動は長く続けられ，持久力系スポーツの競技力を高めることになる．

その他筋力が高まることによりケガの防止や肥満の防止にもなる．足首，膝，腰，肩，肘，首などのまわりの筋肉の発達がそれぞれの関節をサポートして未然にケガを防ぐことができる．また運動により筋肉量が多くなれば，筋肉が体脂肪を燃焼させる役割をするため肥満を防ぐことにもなる．このように筋力をあるレベルで維持し，また高めることにより受ける恩恵の大きさが理解されよう．

3.2 筋力はどのようにして高めるのか

私たちの動作のすべては筋肉が収縮することにより生まれる．筋肉は骨に付着し多くの関節を介し，収縮することによって骨を動かして多種の身体の動きへと発展する．これら筋肉は「骨格筋」と言って頭部，頸部，上肢，体幹，下肢に多くある．この骨格筋は私たちの意志で収縮できる．

この随意運動の可能な骨格筋の筋線維には「速筋線維」と「遅筋線維」の2つのタイプがあって筋肉の中に混ざり合っている．速筋線維が多ければ瞬発的な運動に，また遅筋線維が多ければ持久的な運動に向いている．しかし速筋線維の多い者は持久力があまりなく，遅筋線維の多い者は瞬発力に欠けると言う点もある．

この骨格筋から生ずる筋力は，筋線維を太くさせることで強くすることができる．それは筋力が筋肉量（筋横断面積）に比例し，筋肉量の多い者ほど大きな力を生み出すことができるからである．筋線維の数は生まれつき変わらないとされているので，筋肉量を多くして強くするには筋線維を太くさせなければならない．それにはトレーニング原理の「過負荷の原理」と同様に，現状以上の強い負荷を与えることにより，筋線維をそれに順応させていくことが必要である．逆に，負荷が現状よりも弱いものであれば筋線維はそれに順応して萎縮し，筋力は低下する．このように刺激には強弱があって，筋肉はそれぞれに順応していくが，刺激には時間的長さと速さ，さらに方向性などさまざまな種類がある．そしてこれら異なる刺激にも筋肉は順応していく．

筋肉は，柔軟な適応力をもっているため，それぞれの目的に応じて筋力を維持し，また高めていくことができる．

3.3 日常生活の中に筋力アップを試みる

これまで筋力を強くすることの意義,そして筋力を高め維持していく方法について述べてきたが,ここでは実際に筋力を高めるエックササイズについて紹介をしていく.だが筋力アップについてはそれぞれの目的によりエックササイズが異なる.たとえばスポーツ選手と運動をしていない人ではその種類や強度が違う.さらに同じ陸上競技の投擲選手であっても,砲丸投げの選手とハンマー投げの選手では,その動きの特殊性を考えた場合強化する筋肉が異なり,またその選手の年齢,性別,熟練度によってもエックササイズは違ってくる.このようにそれぞれの目的に応じてエックササイズは行われなくてはならないが,ここではスポーツ選手でない一般学生を対象に,トレーニング・ジムなどに通う必要のない,自己のからだの負荷だけ,あるいは部屋にあるものを利用して行う,日常生活の中で無理なくできる体力アップのエックササイズを考えてみる.

a. エックササイズの分類
1) 脚筋力強化のエックササイズ

スクワット(図3.4) 肩幅で足先を少し開いて立ち,両肩の線を後ろにして胸を張り手は頭の後ろで組む.背筋(セスジ)を伸ばし上半身を膝に乗せるようにしながら,その膝を腰のカーブが崩れない限界のところまで曲げていき,そこからもとの位置までのばす.この膝の屈伸を10回2セット行う.これにより大腿四頭筋,大臀筋,内転筋などが強化される.

図3.4 スクワット

スクワット・ジャンプ（図 3.5）　姿勢はスクワットのときと同じであるが手は腰の後ろで組む．ここから腰のカーブを崩さず，できるだけ高くジャンプする．またダンベルやこれに変わるものを両手にもって行うことにより負荷は増す．これを 10 回 2 セット行う．これにより下肢全体の強化ができる．

レッグ・カール（図 3.6）　片脚の状態にして，浮いた片方の膝を軽く曲げたところからもっとも深く曲がるところまでの屈伸をくり返し行う．バランスを崩したりすることもあるので壁に手を触れ安定性を確保して行うとよい．片脚を 10 回行ったならば脚を変えて 10 回，これを 2 セット行う．これにより大腿二頭筋が強化される．

スタンディング・レッグ・レイズ（図 3.7）　片脚状態で，浮かした片方の

図 3.5　スクワット・ジャンプ

図 3.6　レッグ・カール

脚を前方に少し出したところから脚を水平近くまで高くもっていく．バランスを崩す恐れがあるので壁に手を当てて行う．これを10回くり返し，逆脚に変えまた10回行い，2セットくり返す．これにより大腿四頭筋，腹筋が強化される．

カーフ・レイズ（図3.8）　台または階段などを利用してつま先立ちになる．このつま先立ちの直立姿勢から，踵の上げ下げを10回行う．これを2セット行う．これにより膝から下の筋群が強化される．これもバランスを崩す恐れがあるので支えになるものに手を当てて行うとよい．

2）　臀部の強化のエックササイズ

スタンディング・バック・キック（図3.9）　壁に対し身体を少し斜めにして両手をかけバランスをとる．次に片方の脚を後ろに伸ばして少し床から浮か

図3.7　スタンディング・レッグ・レイズ

図3.8　カーフ・レイズ

し，ここから脚を伸ばしながら高くあげる．これを8回くり返し，脚を変えて同じ回数行う．2セット．これにより臀部の筋群，固有背筋，大腿二頭筋などが強化される．

3） 体幹部の強化のエックササイズ

トランク・カール（図3.10）　床に横になって仰向けとなる．両手は太もものあたりで真っ直ぐ伸ばし，この姿勢から顎を胸につけるようにして背中が浮くところまでもっていき，これを10回2セット行う．これにより腹筋群が強化される．

トランク・ツイスト（図3.11）　背筋(セスジ)をしっかり伸ばし頭の後ろで手を組ん

図3.9　スタンディング・バック・キック

図3.10　トランク・カール

で椅子または台に座る．棒を肩に背負って行ってもよい．この姿勢から上半身を左から右へ，右から左へとゆっくり捻る．これを10回くり返し2セット行う．これにより腹筋，外腹斜筋，背筋などが強化される．

グッドモーニング・エックササイズ（図3.12）　足は肩幅で背筋（セスジ）をしっかり伸ばし手を頭の後ろで組んで立つ．ここから背筋を伸ばしたまま上体を地面と平行近くまで軽く膝を曲げながらゆっくりと前傾していき，そこから一気にもとの位置まで上体を起こし膝も伸ばす．これを10回2セット行う．これにより背筋，臀筋，大腿四頭筋などが強化される．

図3.11　トランク・ツイスト

図3.12　グッドモーニング・エックササイズ

図3.13 ストレートアーム・レイズ・アンド・ダウン

ストレートアーム・レイズ・アンド・ダウン（図3.13） 数キロのダンベルまたはそれに代わるものをそれぞれの手にもち下げて立つ．この姿勢から両腕を伸ばしたままゆっくりと前に，そして頭上まで上げていき，そこからまたゆっくりと前に，そして下まで下げていく．この腕の上げ下げを丹田（臍の辺りの筋群）を意識し行う．また軽い椅子などであれば両手でこれをもち行うのもよい．これを8回2セット行う．これにより三角筋，僧帽筋，腹筋を強化できる．

4） 腕の強化のエッササイズ

スタンディング・プレス（図3.14） 両手にダンベルまたはそれに代わるものを両肩の辺りにもって立ち，そこから交互に高く上げまたもとに戻すことをくり返す．これを左右の腕5回ずつ2セット行う．これにより三角筋，僧帽筋，上腕三頭筋などが強化できる．

腕立て伏臥腕屈伸（図3.15） 背筋(セスジ)を伸ばし，肩幅くらいで腕立て伏せの姿勢をとる．ここから両腕の屈伸を行うが，胸が床に着きそうなところまで腕を曲げていき，またもとの位置に戻る．これを15回2セット行う．

図3.14 スタンディング・プレス

図 3.15 腕立て伏臥腕屈伸

b. エックササイズの実践方法

これらは，同じような筋群強化のエックササイズもあるのですべてを行わなくてよい．とくに種類の多い脚強化の中ではスクワットとスクワット・ジャンプを行い，他は日をかえ異なるもの1種類程度を入れて行う．また体幹の強化種目も同じで，グッドモーニング・エックササイズとストレートアーム・レイズ・アンド・ダウンの2種類を行い，他は日をかえ異なるもの1種類を入れて行う．臀部の強化種目や腕の強化種目は種類が少ないのでそのまま行う．またこれらは男女の体力差や実践の経験日数などを考慮に入れ，回数やセット数，負荷などの増減を行う必要がある．そして1日おき，また少なくとも1週に2日行うことが望ましい．

またこれらエックササイズとともに，行動していく体力を維持するためのエックササイズやプロポーションをよくする姿勢づくりなども併せて行うことにより，幅広い筋力の強化や維持が可能となる． 〔室伏重信〕

参 考 文 献

1) 窪田 登：スポーツマンの筋力トレーニング，ベースボールマガジン社，1989．
2) 湯浅景元：よくわかるスポーツサイエンス，サニーサイドアップ，1989．
3) 森永スポーツ&フィットネス・リサーチ・センター編：ボディ・デザイン・ブック1, 2, 森永製菓健康事業部，1992．

4

骨を丈夫にするためのトレーニング

4.1 骨と運動

a. なぜ骨を鍛える必要があるのか

骨を鍛えて大きく強くしても,一般的な体力が向上したとは言えないし,運動能力が向上することもまず考えられない.骨に関する疾患のない20歳前後の青年において,日常的な生活をする上で骨にトラブルを感じる人はほとんどなく,したがって骨だけを鍛える目的でトレーニングをしている人は少ないであろう.しかし,スポーツなどによって骨に傷害を受けると,骨を鍛える必要性を感じるようになる.とくに,スポーツ選手においては骨の傷害は深刻な問題となるだけに,骨を丈夫にすることは大きな課題と考えられている.

骨を鍛えるべきもう一つの必要性は,骨粗鬆症の予防である.骨粗鬆症は高齢者に多く見られる症状であるが,若いうちから予防策を講じることは意味のあることと考えられている.実際に若い時期から骨粗鬆症の予防目的だけでトレーニングをしている人は少ないであろうが,骨のトレーニングに関する正しい知識を身につけることは,今後の生涯にとって有意義である.

b. 運動に対する骨の適応

適切な運動は骨の量を増やして,骨強度を強くすることが知られている.骨には巧妙な仕組みが備わっていて,外側から力を受けるとその力に対抗するように骨が強くなる.生命体の骨格を守るのに実用的にできているのである.

骨が現状以上に強くなるためには,外側から受ける力が日常的に受けている力よりも強い必要がある.ここで問題は,強い力を受ければその運動によって骨の傷害の機会も増えるということである.トレーニングにより強い力をくり返し受けていると,骨は疲労骨折などの傷害を起こすのである.そればかりか,長時間の

高強度運動はかえって骨を弱くしてしまう危険性さえ指摘されている．

したがって，骨を鍛えるトレーニングにおいては，個人の骨の状態に合わせて運動の強度・時間・頻度などが慎重に検討されるべきである．ところが，現在のところ青年およびスポーツ選手の骨を適正に鍛えるための具体的なトレーニングメニューは確立されていない．ここでは骨の代謝，外力に対する適応，長時間高強度運動に対する適応，疲労骨折の発生などについて解説し，骨のトレーニングについての概略を述べる．

4.2 骨の代謝とメカニカルストレス

a．骨の代謝

筋肉には筋線維細胞，脂肪組織には脂肪細胞，神経には神経細胞があるように，骨にも骨細胞が存在する．骨細胞は骨の内部に埋め込まれており，それを取り巻くようにコラーゲンを主とする線維（基質）とカルシウム塩が沈着して骨を形成している．骨細胞ももちろん生きているので，骨の中にも血管が通っていて骨細胞に物質を供給している．骨のカルシウム塩やコラーゲンは変化しないように感じられるが，実は溶かし出されたり新しく沈着したり活発に代謝されているのである．

骨の代謝の様式には，モデリングとリモデリングおよびリペアの3種類がある．モデリングは骨が形を変えて成長するときの代謝様式で，主に成長期の子供の骨に見られる．リモデリングは成熟した骨にも見られる代謝様式で，骨のカルシウム塩や基質を新しいものと置き換える代謝である．リペアは修復過程であり，骨が傷を受けたときにそれを修復する代謝様式である．

リモデリングの代謝様式についてもう少し詳しく解説してみる（図4.1）．まず，一連のリモデリングは破骨細胞が骨の基質の表面に付着することからはじまる．破骨細胞はタンパク分解酵素と酸を分泌するので基質やカルシウム塩が溶かし出される（骨吸収期）．この活動によって骨にある程度の穴があく．ある程度まで穴が広がると破骨細胞の活性がとまり，今度はその穴の空いた表面に骨芽細胞が付着する（反転期）．骨芽細胞はコラーゲンを分泌し，やがてそのコラーゲンにカルシウム塩が沈着して空いていた穴が埋まっていく（骨形成期）．骨芽細胞の一部は骨の基質の中に埋まり，やがて骨細胞となる（休止期）．一か所のリモデリングに約3ヶ月かかるといわれている．また，一か所のリモデリングによ

a. 骨吸収期　　　　　　　　　c. 骨形成期

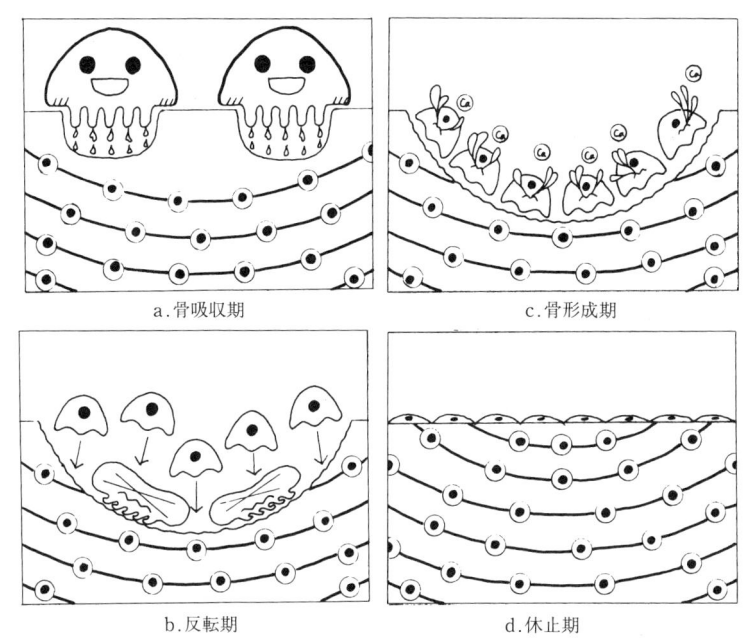

b. 反転期　　　　　　　　　　d. 休止期

図4.1　骨のリモデリング

って骨が新しく置き換わるのは，ほんの小さなスペースでしかないが，骨の至るところでリモデリングが行われており，1年では骨のカルシウムの約20％が新しく置き換わっていると考えられている．

　リモデリングによって新しく置き換えられる基質やカルシウム塩が，もとの量と同じであれば骨量は変化しない．ところが，何らかの原因によって骨吸収量が骨形成量よりも多いと，骨量が減少することになる．高齢者に見られる骨粗鬆症は，リモデリングによって骨量が減少していった結果と考えられる．一方，骨形成量が骨吸収量よりも多ければ，全体として骨量が増加することも考えられるのである．

　骨形成量および骨吸収量はいろいろな因子によって調節されている．たとえば女性ホルモンは骨吸収を抑制する因子，副甲状腺ホルモンは骨吸収を促進する因子，カルシトニンというホルモンは骨形成を促進する因子として働く．

b. 骨とメカニカルストレス

　ホルモンとは別に，骨量を増減する重要な因子の一つとして，メカニカルスト

レス（骨が外部から受ける力）があげられる．すなわち，「骨は骨自身に与えられる力に適応して骨量を変化させる」のである．骨が強い力を受けていれば骨量を増して強い骨になる．一方，力を受けていないと骨量が減少して弱い骨になるのである．スポーツ選手の多くが強い骨をもっていること，逆に宇宙飛行士が無重力にさらされると骨に加わる力が少ないため骨が弱くなることなどが証明されている．

メカニカルストレスが骨に与える影響は非常に局所的である．すなわち，右手にだけ力を受ければ右手の骨だけが強くなり，身体の他の部位にある骨には変化が無いというように，力を受けた骨だけが適応して強くなるのである．そればかりか，一つの骨の中でみても力を受けた箇所だけ骨が強くなることが知られている．

c. 骨量を増加させるメカニカルストレスの特徴

骨量を増加させるのに有効なメカニカルストレスには次のような特徴があることが知られている．

① メカニカルストレスの強度

生理的な限界を超えない範囲でなら，強い力の方が効果大である．

② メカニカルストレスの種類

静的，持続的に圧力を加えるような動きの少ない力よりも，動きの速い力の方が効果大である．

③ メカニカルストレスの回数

多くの回数を必要としない．

これらをまとめると，骨量増加に効果的なトレーニング方法はハイインパクト・ローレペティション・トレーニングということができる．

d. 運動選手の骨密度

次に，スポーツ選手の骨密度を比較することによって，どのようなスポーツが骨を強くするのかを考えてみよう．人間の骨の量はX線や超音波などを用いて測定される．なかでも2波長のX線を用いる二重エネルギーX線吸収法（DXA法）は精度が高く信頼されている方法である．測定値は単位面積あたりの骨量＝骨密度という値で出される．

図4.2に各スポーツ選手の骨密度をまとめた結果を示した．図中で男・女それぞれの一番上のコントロールとはスポーツをしていない一般の人であり，このコントロールの骨密度を100とした場合の相対値で表している．野球，ラグビー，バレーボール，バスケットボールなど球技系種目のスポーツ選手の骨密度は高い．また，柔道選手の骨密度も高くなっている．これらの種目においては，激しく動き回るために重力に抵抗して床面（地面）を蹴るので，脚の骨などに大きな力が加わると考えられる．また，動きが複雑なためいろいろな方向から力を受けることも予想される．このために，全身の骨密度が高くなっていると判断される．

　ウェイトリフティング，ボディビルディング選手の骨密度も比較的高い．これらの選手は球技系種目とは異なり，床面から力を受けることは少ない．しかし，強い筋収縮を行うため，骨は筋より力を受けることになる．全身のたくさんの筋を鍛えるため，全身の骨も鍛えられるわけである．骨を鍛えるための運動では，1日あたりの反復回数は多い必要がなく，一般的な筋力トレーニングの反復回数で十分である．

　水泳選手の骨密度は一般の人とほとんど差がない．これは，水泳は重力に抵抗して運動をするスポーツではないため，骨が受ける力が少ないからである．卓球選手も骨密度の結果からみると，比較的床反力の小さいスポーツと考えられる．また，陸上の長距離選手は，走ることにより地面からある程度の力は受けてい

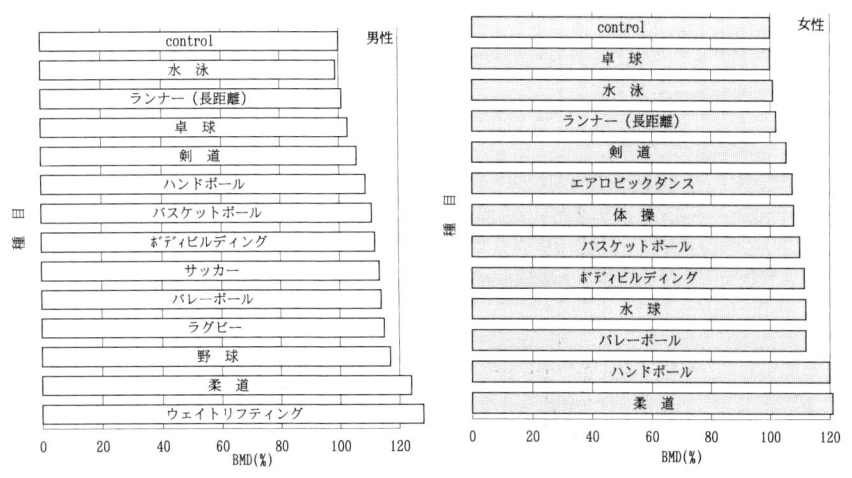

図4.2　各種スポーツ選手の骨密度[1]

るにもかかわらず骨密度は高くない．これは，① メカニカルストレスとは別の原因で長距離走の運動様式は骨密度を低下させる可能性があること（後述），② 動きが比較的単調なので全身の骨密度は高くならないこと，などの理由が考えられる．

e．疲労骨折

適度なメカニカルストレスは骨を強くするが，過度な負荷は骨に疲労骨折などの傷害をもたらす．疲労骨折とは骨が強い力を受けたときに小さな骨組織の亀裂（マイクロダメージ）が生じるが，くり返し力を受けるため修復（リペア）が間に合わなくなり，ついには大きな骨の組織的な分離となって痛みをともなう傷害である．1回の強い外力によって起こされる外傷性骨折とは区別されるものである．

疲労骨折をおこさせる要因は，メカニカルストレスの大きさと回数である．大きさが倍になると回数は50分の1でも疲労骨折に至ることもある．したがって，骨が受ける力の大きさがもっとも大きな要因となるが，回数の要因も見逃せない．

疲労骨折は力がもっとも集中する骨の部位でおこる（図4.3）．脛骨の内側の上中1/3または中下1/3付近は走る時に力が集中する部位で，ここでの疲労骨折は疾走型と呼ばれ長距離走者に多いタイプである．これに対し，脛骨の前側中央部の疲労骨折は跳躍型と呼ばれ，ジャンプ種目選手に多く見られる．その他，中足骨の疲労骨折は剣道選手に多く，腓骨の上中1/3部位での疲労骨折はうさぎ跳びをすることによっておこることなどが知られている．このように，疲労骨折を

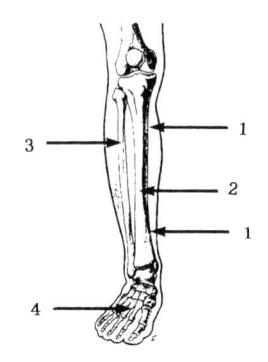

1. 疾走型脛骨疲労骨折
2. 跳躍型脛骨疲労骨折
3. 腓骨疲労骨折
4. 中足骨疲労骨折

図4.3　疲労骨折の頻発部位

起こす部位は動作との関連が非常に強い．

　疲労骨折をおこす運動種目は，陸上中長距離走が最も多く，その他バスケットボール，ハンドボール，サッカー，バレーボール，短距離走などである．球技は，全身の骨密度が高いにもかかわらず疲労骨折をおこす可能性の高い種目なのである．いずれにしても骨を鍛えることは骨の傷害をおこしかねないという難しさがある．

f．骨密度を減らす運動

　陸上の長距離選手は一般の人と比べて骨密度が高くなく，なかには骨密度が低下している選手もいる．これはメカニカルストレスとはまったく異なる理由から説明される．すなわち，長距離走のような継続的な長時間高強度運動は，性ホルモンの分泌を低下させることがある．性ホルモンは骨の吸収を抑制する因子であり，この分泌の低下によって骨密度が減少するのである．

　骨密度の低下した選手は女性に多く，しばしば月経周期異常をともなっているが，男性選手にも見られる．ある研究によると，男性においても週に 60 km 以上走ると骨密度が低下する可能性が高くなることが指摘されている．

　女子長距離選手において骨密度の低下した選手が疲労骨折をおこしやすいことが指摘されており，骨密度低下は疲労骨折を助長する．長距離走は動作が単調なだけに骨の同じ部位に力が加わり，しかも反復回数が非常に多いので疲労骨折をおこしやすい運動様式であると言える．

4.3　骨を丈夫にするトレーニング

　前述したように，現在のところ青年およびスポーツ選手の骨を鍛えるための具体的なトレーニング方法は確立されていない．そこでトレーニング様式ごとに骨を強くする可能性についてまとめてみる．

a．ハイインパクト・トレーニング

　ジャンプや短距離走のように床面から強い衝撃力を受けるトレーニングは骨を強くすることができる．下肢の骨は足の着地時に大きな床反力を受ける．さらに，ジャンプの踏み切り時のような場合には，床反力にプラスして筋収縮にともなう筋からの力も受けるので，さらに効果的となる．

単調な動作では骨の同じ部分だけに力が加わるため，いろいろな動作を含めて多角度から骨全体を鍛えるようにする．したがって，サッカーやバレーボールなどの球技は骨を鍛えるトレーニングとして有効である．骨を鍛える目的ではトレーニングの反復回数は少ない回数が望ましいので，長時間トレーニングする必要はない．

しかし，ハイインパクト・トレーニングではかなり強い負荷がかかることが予想されるので，もともと骨密度が低い人，疲労骨折の可能性がある人には勧められない．

b．レジスタンス・トレーニング（筋に負荷をかけるトレーニング）

筋力を高めるためのレジスタンストレーニングにおいては，筋収縮によって骨に力がもたらされるため，骨を鍛えるトレーニングとなる．自分の筋力が骨に与える負荷の強さを決定するため，骨にむやみに大きな力が加わらないので，比較的安全に骨のトレーニングができる．このため，中高齢者の骨を鍛える方法としても考えられている．

やはり，反復回数は少なくてよいが，いろいろな動作を取り入れることにより，全身の骨が鍛えられることになる． 〔梅村義久〕

参考文献

1) 森　諭史　他：臨床スポーツ医学 Vol. 11, No. 11；特集—運動と骨粗鬆症，文光堂，1994．
2) 藤巻悦夫　他：臨床スポーツ医学 Vol. 10, No. 8；特集—下肢の疲労骨折，文光堂，1993．
3) 清野佳紀：骨を鍛えるために，金原出版，1998．

5
持久力を高めるためのトレーニング

5.1 持久力とは

a. 体力と持久力

　私たちが健康で豊かな日常生活を送るためには，疲れを感じないで，一日中活動的に身体を動かす能力をもつことが必要である．また，長時間の運動やスポーツの試合において，一定の筋力やスピードを持続して発揮しつづけることができれば良い成績をおさめることができる．このような能力をもっていることは持久的能力が高いといわれる．つまり持久力とはある一定の作業を長い時間持続してこなすことのできる能力を意味している．

　疲労しないで身体を長時間にわたって動かすことができれば，身体運動の能率があがり結果として仕事量を増大させることになる．一方，優れた持久力をもつスポーツ選手は，マラソン等の長い距離を効率のよいペースで走ることが可能であり，長時間にわたって身体を動かすことを必要とする運動やスポーツの試合において，優秀な力を発揮することのできる体力があるということになる．

b. 筋持久力と全身持久力

　持久力に優れていることは，身体内でエネルギー源を燃焼させて運動を長時間続ける能力が高いことである．しかし，一定のスピードで運動を長時間持続できて持久力が優れている人は，マラソンのような長い時間走るのは不得意であっても野球のバットをくり返し振ることは得意である場合が多い．またこの反対の人もいる．つまり持久的能力の運動量や力の発揮時間は，その運動の内容によって決まることから，持久力的能力にも身体の局所的な部位の筋肉を使ってある運動を短時間内で持続する場合と，十分な酸素を身体にとり込み呼吸循環機能を利用し，全身で長時間の運動を持続する場合とがある．前者は筋持久力，後者は全身

持久力と呼ばれ，バットの素振りが得意な人は筋持久力が，マラソンが得意な人は全身持久力に優れていることとなる．

5.2 持久力の発達とトレーニング効果

a．持久力の発達

我々が健康で活動的な生活をするためには，行動体力としての持久力を有することは大切なことである．また，身体の発達にともないバランスよく行動体力を高めることも重要である．このような行動体力の発達には，身体機能の発育にともないそれぞれに年齢特性が見られる．たとえば筋持久力がトレーニングよって効果的な増加を示すのは11～13歳である（図5.1）．全身持久力の発達も加齢にともなって男女で異なる変化を示す（図5.2）．

全身持久力の指標である最大酸素摂取量は，有酸素的エネルギーの出力量を示している．最大酸素摂取量を加齢との関係でみると男子では17歳頃まで，女子では11～12歳頃までに直線的に発達[2]をする．一方，最大酸素摂取量は身長や体重の発育発達の影響を受けることから，全身持久力の評価として利用する場合は体重あたりの値を用いる．加齢にともなう体重あたりの最大酸素摂取量の発達

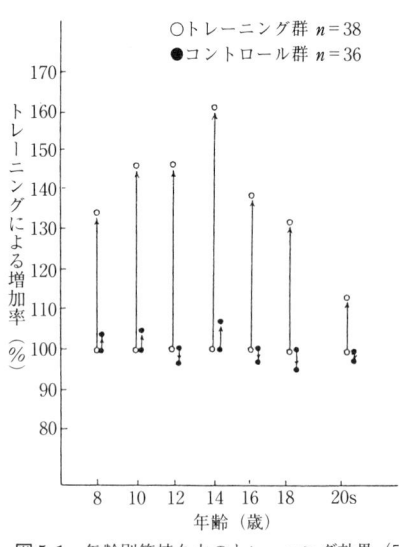

図5.1 年齢別筋持久力のトレーニング効果（5週間のトレーニング）（福永，1994）

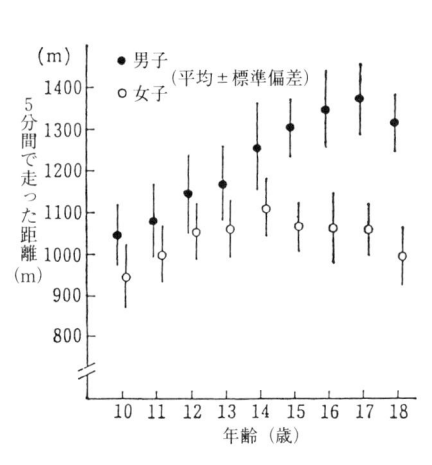

図5.2 性・年齢別5分間走距離（猪飼，1965）

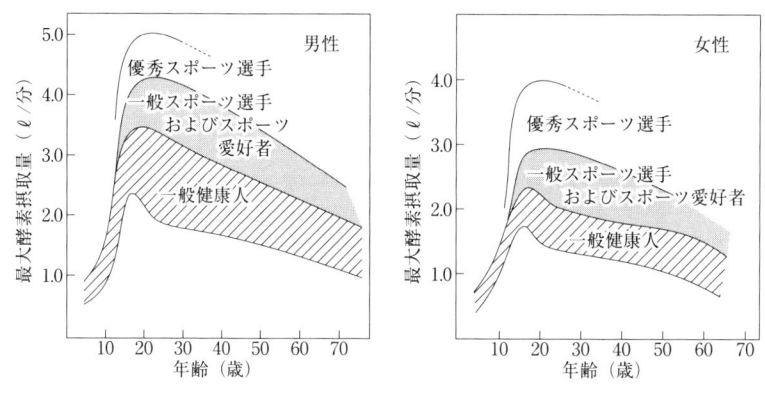

図5.3 年齢とさまざまなタイプの最大酸素摂取量の関係（小林，1982）

経過には男女でかなり異なる特徴が認められる（図5.3）．

b．持久力とトレーニング効果

　トレーニング効果にトレーニングの条件が大きく影響を及ぼすことはよく知られている．トレーニング方法については，次の「持久力を高めるためのトレーニング」の項で述べるが，筋持久力の最適なトレーニング時期は，前述したように11～13歳である．また，局所的運動は最大筋力に対する相対負荷量を低くすると，運動回数は増加することから，筋持久力のトレーニングにおいては，最大筋力の1/3位の軽い負荷で運動回数を多くする方が，トレーニング効果は高い（図5.4）．また，トレーニングによって筋血流量が増加し，筋収縮時に必要なグリコ

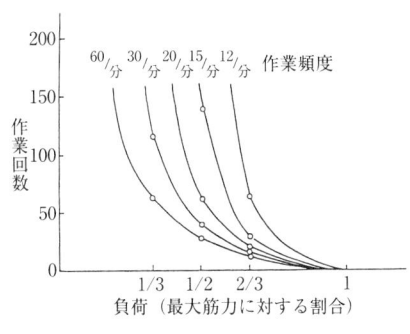

図5.4 動的作業における荷重と頻度と作業回数（猪飼，1965）

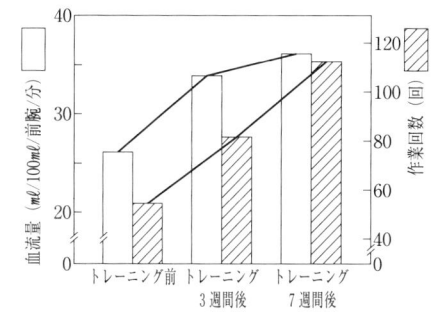

図5.5 トレーニングによる筋持久力と血流量の変化（東京大学教養部保健体育研究室，1992）

38　5．持久力を高めるためのトレーニング

男子

体重(kg)	種目	最大酸素摂取量 (ml/kg/分)
3.2	体操・ダンス(n=4):カナダ	49.2
3.23	フィールド・ホッケー(n=12):インド	50.7
4.49	レスリング(n=25):アメリカ	55.7
4.75	ラグビー(n=15):アメリカ	56.6
4.61	柔道(n=9):カナダ	57.5
4.88	十種競技(n=7):アメリカ	57.6
3.4	フィギュアスケート(n=5):カナダ	58.5
4.82	バスケットボール(n=11):オーストラリア	58.5
5.65	フットボール(n=16):アメリカ	59.7
4.88	ハンドボール(n=?):ノルウェー	60
4.35	短距離(n=6):ベルギー	60.1
4.25	スキー・ジャンプ(n=9):フィンランド	61.3
4.67	アイスホッケー(n=9):オーストラリア	62
4.94	サッカー(n=5):オーストラリア	63.6
4.63	競歩(n=4):フランス	64.2
6.16	ボート(n=8):西ドイツ	66.6
5.03	アルペン・スキー(n=12):アメリカ	66.6
5.38	競泳(n=12):スウェーデン	69
5.4	カヌー(n=4):スウェーデン	69.2
5.12	スキー複合(n=5):フィンランド	72.8
5.58	スピードスケート(n=6):フィンランド	72.9
?	自転車競技(n=5):東ドイツ	75.5
5.87	オリエンテーリング(n=5):スウェーデン	76.5
5.07	長距離(n=6):ベルギー	77.1
5.19	中距離(n=8):フィンランド	78.1
?	マラソン(n=13):イギリス	79
5.56	距離スキー(n=5):スウェーデン	82.6

女子

体重(kg)	種目	最大酸素摂取量 (ml/kg/分)
2.45	陸上・短距離(n=3)	2.45
2.7	フィギュアスケート(n=8):カナダ	48.9
3.23	五種競技(n=6):アメリカ	49
2.32	カヌー(n=?):カナダ	49.2
2.43	体操・ダンス(n=?):ノルウェー	49.8
2.76	自転車競技(n=9):アメリカ	50.2
4.58	ソフトボール(n=?):アメリカ	52
3.1	アルペン・スキー(n=13):アメリカ	52.7
2.82	スピードスケート(n=6):日本	54.5
3.61	競泳(n=5):スコットランド	56.6
3.47	オリエンテーリング(n=3):スウェーデン	59.8
2.85	陸上・中距離(n=9):アメリカ	61
4.03	距離スキー(n=5):フィンランド	68.2
3.47	陸上・長距離(n=?):アメリカ	68.8

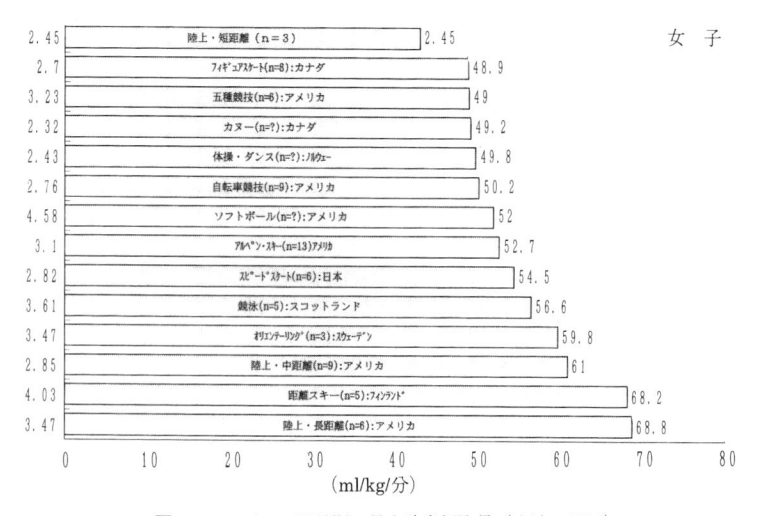

図5.6　スポーツ種目別の最大酸素摂取量（山地，1986）

ーゲンや酸素の運搬を助けることで筋持久力が向上する（図5.5）．

一方，全身持久力は呼吸循環機能を利用して十分な酸素を身体にとり込み，長時間の運動を持続する能力である．したがって全身持久力を高めるためには，有酸素的な運動種目を選択することが大切である（図5.6）．

全身持久力トレーニングでは，まず運動種目，強度，時間および頻度を決定することが必要である．運動強度は相対的運動強度である最大酸素摂取量に対する割合（%$\dot{V}_{O_2max}$）や心拍数（表5.1），さらには実際のランニング速度を示標とする．運動時間は最低5~6分間とする．この理由は，身体が運動開始から有酸素の呼吸循環過程になるのに，最低5~6分間必要であることによる．また，運動習慣のない人や体力の低い人は，低い運動強度を設定し，運動時間を長くする．とくに，中高年齢者は，運動に対する呼吸循環機能の応答が遅く，高い運動強度でトレーニングを行う場合，心肺機能に負担を与えることから運動強度の設定に注意が必要である．

表5.1 相対的運動強度に対する自覚的運動強度年齢別心拍数

強度の割合 (%$\dot{V}_{O_2max}$)	強度の感じ方	1分間当たりの脈拍数					その他の感覚
		60歳代	50歳代	40歳代	30歳代	20歳代	
100%	最高にきつい	155	165	175	185	190	からだ全体が苦しい
90%	非常にきつい	145	155	165	170	175	無理，100%と差がないと感じる，若干言葉が出る，息がつまる
80%	きつい	135	145	150	160	165	続かない，やめたい，のどがかわく，がんばるのみ
70%	ややきつい	125	135	140	145	150	どこまで続くか不安，緊張，汗びっしょり
60%	やや楽である	120	125	130	135	135	いつまでも続く，充実感，汗が出る
50%	楽である	110	110	115	120	125	汗が出るか出ないか，フォームが気になる，ものたりない
40%	非常に楽である	100	100	105	110	110	楽しく気持よいがまるでものたりない
30%	最高に楽である	90	90	95	95	95	じっとしているより動いたほうが楽
20%	座っているのと同じ	80	80	75	75	75	安静

(糖尿病運動療法のてびき（医歯薬出版），1988より)

5.3 持久力を高めるためのトレーニング

a. 筋持久力を高めるためのトレーニング

筋持久力は筋がくり返し力を発揮する能力である．筋持久力のトレーニングで代表的なものには，以下のような方法がある．

1) サーキット・トレーニング

このトレーニングは，筋力，筋持久力，敏捷性，全身持久力を高めるための総合的体力づくりが特徴である．運動種目によっては器具を用い，いろいろな運動種目を5〜10種目程度を組み合わせ，種目間に休息を入れないで3巡回ぐらい，総運動時間は10〜30分間をめどに行う．運動種目の組み方によっては，トレーニング効果が異なるので，筋持久力，全身持久力を高めるためには，全身の多くの筋群を動員するような運動種目を選び，1種目の運動の強度は比較的軽い負荷（最大筋力の1/3位の負荷）になるようにする（図5.7）．

2) シークェンス・トレーニング

このトレーニングは，全身の筋群を使用するようなウエイト・トレーニングの種目をa, b, cのグループからバランスよく5〜6種目（表5.2，図5.8）選び1つのプログラムとして作成する．このプログラムをたとえばAプログラムとすると，さらに同様にB, Cのプログラムを2組以上作成する．実際のトレーニングはAプログラムを休みなく自分のペースで何回か巡回し，適度に休息を取り，次にBプログラムをAプログラムと同じように行い，再び休息を取りCプログラムを行う方法である．トレーニングに慣れると各プログラムの巡回の回数を多くするか，運動回数を多くするか，ウエイトを重くし負荷を増加させる．

b. 全身持久力を高めるためのトレーニング

全身持久力を高めるには，前述したように有酸素的な全身運動を長時間行うことである．手軽に行える運動では，速歩やジョギングがトレーニングの手段となる．代表的なものは，以下のような方法がある．

1) ジョギング（持続走）

これは長い時間をかけて一定の速度でランニングを行なう方法で，最近はLSD (long slow distance) と呼ばれている（図5.9）．この持続走も持久力の向上のためのトレーニング方法であるが，それぞれの対象者や体力レベルに合わせ

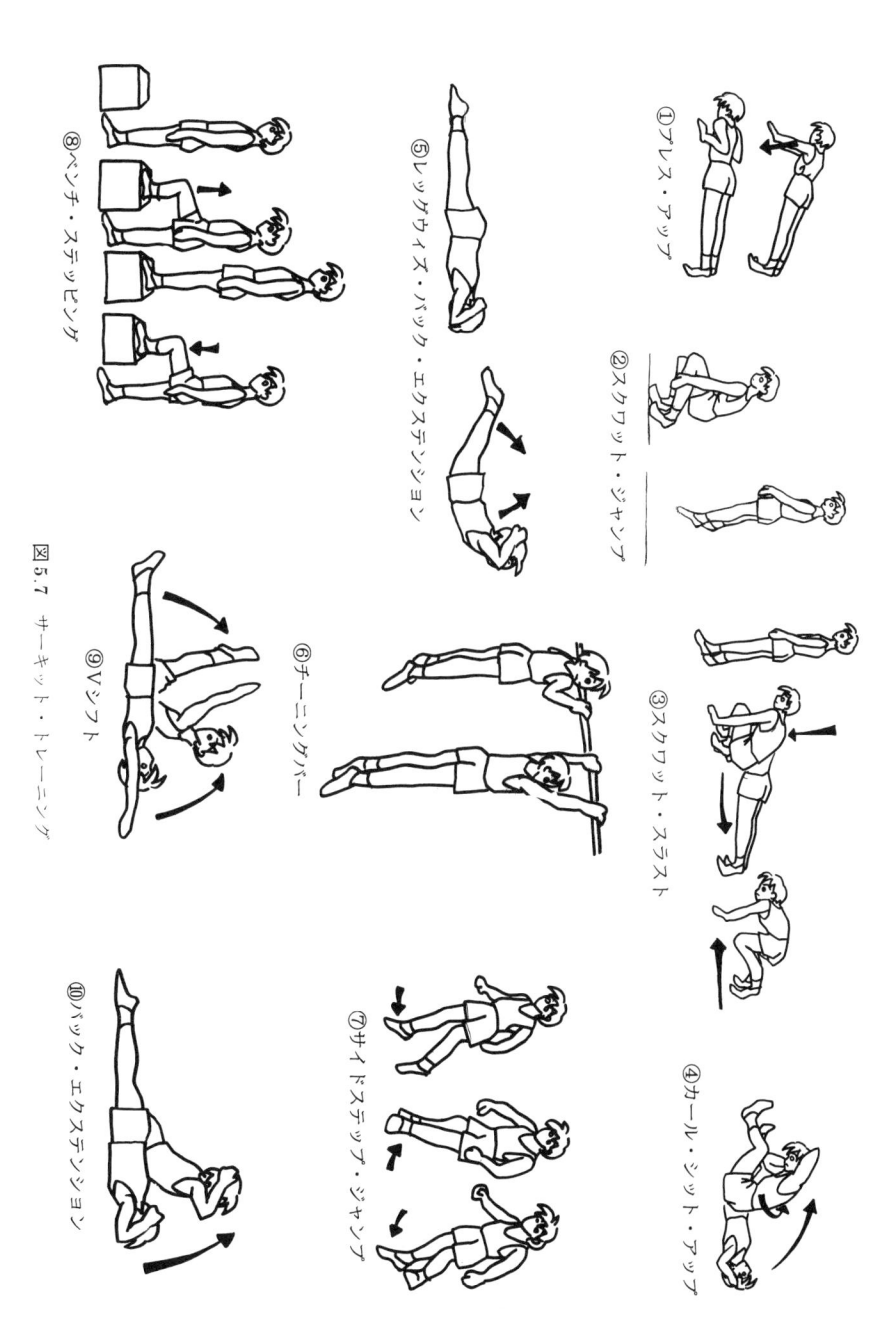

5.3 持久力を高めるためのトレーニング　41

①プレス・アップ

②スクワット・ジャンプ

③スクワット・スラスト

④カール・シット・アップ

⑤レッグワイズ・バック・エクステンション

⑥チーニングバー

⑦サイドステップ・ジャンプ

⑧ベンチ・ステッピング

⑨Vシット

⑩バック・エクステンション

図5.7　サーキット・トレーニング

表 5.2 シークエンス・トレーニングの種目と強化の筋群

	腕　部	体幹部	脚　部
強化筋群	三角筋 上腕二頭筋 上腕三頭筋 僧帽筋など	大胸筋 腹直筋 脊柱起立筋 大円筋など	大腿直筋 大腿二頭筋 大腿筋 腓腹筋など
運動種目	(a) ①プッシュ・アップ ②スタンディング・プレス ③バーベル・カール	(b) ④ベント・ニー・シット・アップ ⑤レッグ・レイズ ⑥バック・エクステンション	(c) ⑦ビンズ・スクワット ⑧レッグ・ランジ ⑨フルスクワット

て「遅いペース」,「中位ペース」,「速いペース」の強度があり,それぞれのペースは最大酸素摂取量の割合で示すと[5]50～60%, 70～80%および,80～90% $\dot{V}_{O_2max}$ の運動強度に相当する.遅いペースでの持続走はウォーミングアップやクーリングダウン時のジョギングのペースで生活習慣病予防や健康づくりの運動処方の強度に適当で,30分以上の運動時間が考えられる.中位ペースの持続走は,スピードの持続能力を高める時のジョギングのペースで一定スピードに対しての乳酸の蓄積が少なくなる強度[9]に相当し,10～30分の運動時間が考えられる.速いペースの持続走は全力でのランニングに近く,もっとも強い運動強度に相当し,5～15分の運動時間が考えられる.

2) レペティション・トレーニング

　これは全力かそれに近い運動強度（80～90% $\dot{V}_{O_2max}$）で運動を行ない完全に休息するかそれに近い休息を取りながらくり返すトレーニング方法である（図5.9）.このトレーニングは全身持久力の向上と筋持久力の向上を目的としている.全身持久力を効果的に高めるためには3～15分間の運動が必要である.

3) インターバル・トレーニング

　これは全力よりやや低い運動強度（60～80% $\dot{V}_{O_2max}$）での運動を動的な不完全休息を取りながらくり返すトレーニング方法である（図5.9）.動的休息はやや軽い回復（50～70%または心拍数で120拍以下にならない）を目的でジョギングか運動（45秒～90秒）を行なう.20～30分間以上の運動時間で全身持久力の向上が図れる.

〔平田敏彦〕

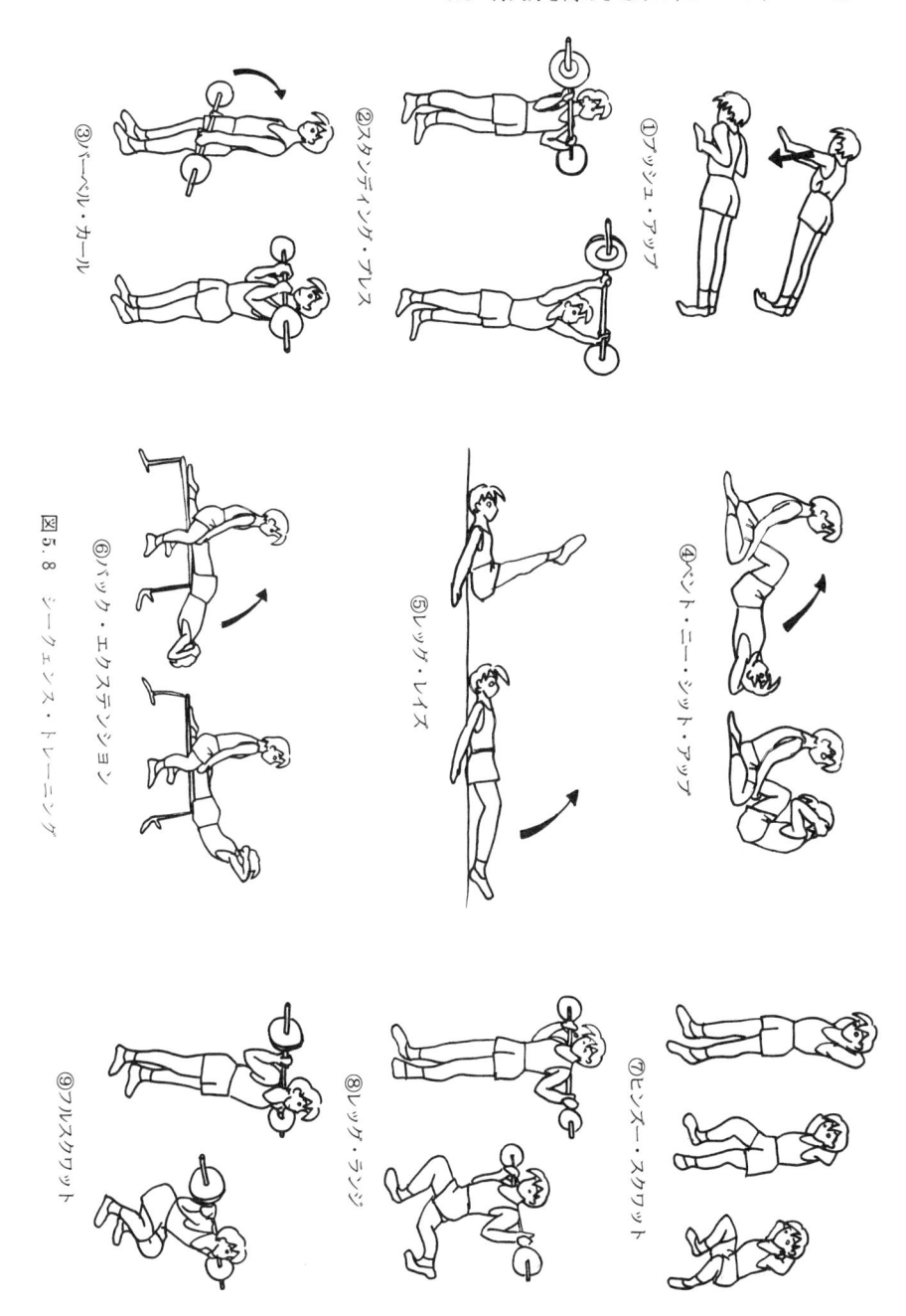

5.3 持久力を高めるためのトレーニング　43

①プッシュ・アップ
②スタンディング・プレス
③バーベル・カール
④ベント・ニー・シット・アップ
⑤レッグ・レイズ
⑥バック・エクステンション
⑦ハーフ・スクワット
⑧レッグ・ランジ
⑨フル・スクワット

図5.8　シーケンス・トレーニング

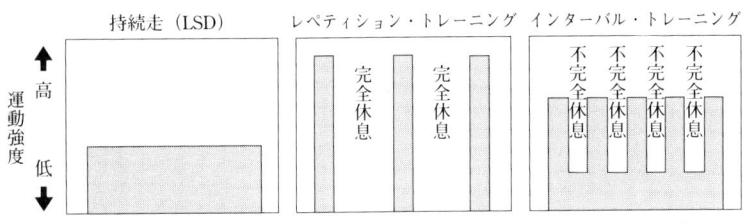

図 5.9　持続走，レペティション，インターバルの各トレーニングの運動強度

参 考 文 献

1) 東京大学教養部保健体育研究室編：身体運動科学，東京大学出版会，1995.
2) 小林寛道：日本人のエアロビックパワー，p. 256, 杏林書院，1982.
3) 福永哲夫：筋と持久力（持久力の科学（石河利寛，竹宮隆編），p. 120-141），杏林書院，1994.
4) 山地啓司：一流選手のエアロビックパワー（体力トレーニング（宮村実晴，矢部京之助編），p. 311〜312），真興交易医書出版部，1992.
5) 豊岡示朗：長距離・マラソンのトレーニング方法. *Japanese Journal of Sports Sciences*, **4** (11)：803-808, 1985.
6) 石河利寛：サーキット・トレーニング（スポーツ講座・1・近代トレーニング．（猪飼道夫，浅川正一，石河利寛，松井秀治編）p. 167-173), 大修館書店，1965.
7) 堀井　昭：サーキット・トレーニング（現代体育・スポーツ大系 8, トレーニングの科学（浅見俊雄，宮下充正，渡辺融編）p. 213-225), 講談社，1984.
8) 豊岡示朗：レペティション・トレーニングの理論と実際．体育の科学，**28**（12)：879-883, 1978.
9) 山西哲郎：長距離ランナーのトレーニング（持久力の科学（石河利寛，竹宮隆編）p. 120-141), 杏林書院，1994.
10) トレーニング科学研究会編：トレーニング科学，朝倉書店，1996.

6

柔軟な体をつくるためのトレーニング

6.1 柔軟な体について

　体が柔軟か否かについては，体力測定で実施する立位体前屈や，長座体前屈で計測された「静的な柔軟性」が一般的である．だが，スポーツのダイナミックな場面では「動的な柔軟性」が求められる．

　柔軟性は単に前者の静的柔軟性（関節の可動域の大小）だけではなく，筋肉の強さや弾性，身のこなしや心身の緊張度によっても影響を受ける．

　準備運動の一部に加えられた柔軟体操は長年の間学校で実施されている．体の動きがしなやかでスムーズな人は，どんなスポーツでも技術の獲得が早くプレーに説得力がある．

　だからと言って，一般の人々が大人になるまでの過程で柔軟体操を重視してきた例は，決して多くはないだろう．

　たとえば，乳幼児の「這う」「歩く」「走る」といった一連の直立二足歩行の発達過程に対して，一喜一憂する親は多いが，子供の体の柔軟性についての関心は普通はあまり高くない．

　しかし，これは当然のことであろう．多くの先行研究によれば，児童期までは多少の男女差や個人差はあっても，柔軟性の加速度的発達がみられる．すなわち，ごく自然な発育に応じて柔軟な体がつくられていくものと推測できる．

　ところが，発育のスパート期（中学生～高校生期）になると，柔軟性は他の体力要素と同じように個人差が拡大し，全体的には低下しはじめる．とくに近年の文部省の発表する体力・運動能力調査（スポーツテスト，壮年体力テスト等）の結果によれば，子どもの柔軟性はますます低下傾向を示している．

　成人の体は，手入れ（トレーニング）をせずに放っておくと，諸関節の動きは悪く（硬く）なり，スポーツや運動をする際生体が無理なく発揮できるであろう

力学的運動現象に陰りが生じ，故障に結びついたり，疲れやすくなってきている．

それゆえ，体力トレーニングの一環として，柔軟性を高めるトレーニングを重視しなければならないが，「体力」を論ずるときに，柔軟性はどのように位置づけることができるのだろうか．

体力については，一般的には「マラソンランナーのような全身持久力」や「短距離ランナーのようなパワーや筋力」のようなものと考える人々が多いのではないかと推測される．それでは体の軟らかい，硬いといった身体資源はどう体力の中で説明したらいいのだろうか．

体の柔軟性は，運動を調整する力（調整力），いわゆる敏捷性，平衡性，巧ち性などの一部として規定されている．

先に述べた通り，とくに幼児期から児童期前半にかけて発達する柔軟性を含んだ調整力は，その後加齢とともに低下する傾向にある．もちろん，加齢の問題だけではなく，調整力（柔軟性）は日常生活における運動不足がかなり影響を与えている．

したがって，少しの空き時間を利用して身体を動かすことや，仕事の合間にストレッチングをしたり，風呂上がりに体操をするなどして，心と体をリフレッシュする感覚で運動を心がけることを勧めたい．

運動を生活の一部としている人々は，概ねスタミナ（行動力・回復力）があり，病気にもかかりにくく（防衛体力），自信に満ちた積極的な活動（適応力）を展開している．この事実を認識しておいてほしいものである．私たちの生きる社会環境は決して平坦でない．変化の激しい超近代社会で，短・長期の人生設計を考える時，運動の効用を重視しなければならないのである．

6.2 柔軟な体をつくるトレーニング

柔軟な体をつくるトレーニングとは，日常生活に身体活動を目的的に取り入れることである．もし，私たちが体を動かさなくなったり，仕事や勉学以外に体を使わなくなったならば，健康や体力が劣悪化することは間違いない．

学生時代は専門分野の学問を学ぶと同時に生涯スポーツへの基礎づくりをする好機である．とくに個人や少人数で楽しめる水泳，スキー，テニス，バドミントン，卓球，ゴルフ等の技術を習得し高めておけば，楽しさはもとより自然に体の

柔軟性を保持増進していくことができる．

　もちろん，ウォーキング，ジョギング，ストレッチングなどは，単に柔軟性の向上だけではなく，心身のバランスを整え健康づくりのうえでも効果的である．

　トレーニングの効果は，継続することによってのみ目に見える形で現れ，その楽しさが味わえるようになってくるものである．

a．ストレッチング

　柔軟性を高めるトレーニングの代表として，「ストレッチング」を紹介する．

　ストレッチングは，全身を大きく伸ばしたり，体の諸関節を曲げ縮めて小さくしたりすることによって，筋肉や腱・靱帯などを伸ばす（ストレッチ）方法を工夫した体操である．

　古くは，ストレッチのスタイルが，はずみや反動を使って行なう「動的ストレッチング」であったが，1980年代前半より，静かにじわじわと伸ばす「静的ストレッチング」が主流となってきている．したがって，今日ではストレッチングといえば，「静的ストレッチング」を指していると考えてほぼ間違いない．

　静的ストレッチングは動的なストレッチングと比べて

① 筋肉に安全なストレッチングができる．
② 諸関節に無理なストレスがかからない．
③ 自分の体を見つめる事ができ「体の気付きが良好」となる．

といった利点がある．

　静的ストレッチングの原則的な方法は以下の通りである．

① 自然な呼吸で，決して呼吸を止めてはならない（話しをしながらしているような気分で）．
② 関節に無理のかからない姿勢（フォーム）で．
③ 少しピリ，ピリ（ストレッチ感）と感じるところまでストレッチする．
④ ストレッチしている筋肉や腱に意識を集中する．
⑤ ストレッチタイムは15秒程度，長ければ30秒以上，その静止状態を無理なく保持する．
⑥ ゆっくりもとに戻す．

　ストレッチングは，単に柔軟性のトレーニングという目的だけではなく，以下のような効用を期待することができる．

① 体の調子を整える
② 美しい姿勢をつくる
③ 各種スポーツの特性に応じて活用する
④ 体ほぐし，ストレス解消に効果的である．

競技スポーツの選手でない一般学生においても，それぞれの日常生活の中で実践し，スポーツに活用できる程度までストレッチングに親しむことが期待される．そうすると筋肉や腱・靱帯などの特性が理解でき，自分の体の変化に気づくようになるものである．たとえば，「今日は体が重く感じる」とか，ストレッチングの後に「体がやけに軽くなった」と爽快感を味わえたり，体の実際の動きやすさに驚いたりするケースがある．最終的には，自己の体力管理・健康管理に責任をもてる実践力を身につけていきたい（部位別のストレッチングの具体例は20章を参照）．

b．ストレッチングの具体例
1）日常生活に活かすストレッチング（立位に着目して）（図6.1）

立位で行うストレッチングの5つの基本型を紹介する．

まずは直立二足歩行の日常生活から生じる体への負荷（ストレス）を取り除くことである．

① 縮みがちな体を十分に伸ばしてやる．
② 学習や作業は，胸を狭めがちになる．胸を張り，肩周辺の筋肉を伸ばす．
③ スッキリ体側を伸ばし左右の体のバランスを整える．
④ 疲労は体の裏側に感じるものである．体を2つに折り曲げて大腿部の裏側や臀筋，背中や肩周辺を伸ばす．
⑤ 体全体を小さく足元へ沈み込むようにして，下肢全体をストレッチングする．その際足の裏の全面を地面に着けておくこと．決して踵を浮かさないことを心がける．

2）日常生活に活かすストレッチング（座位に着目して）（図6.2）

座ったり寝ころんだりして行うストレッチングは，テレビを観ながら，音楽を聴きながら，また読書をしながらでもできるところにも良さがある．心身が疲れ切った時など，重力に体を預けるようにしてやると，正にリラックスできてストレッチングの効果を増大させることが可能である．

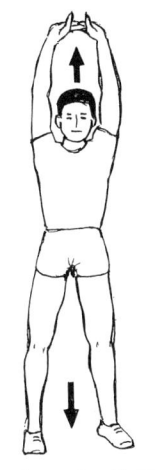

6.2 柔軟な体をつくるトレーニング　49

①全身のストレッチング（15秒）
・肩幅に足を開きつま先を真前に向けておく．
・つま先立ちにならないように踵をしっかりつけておく．

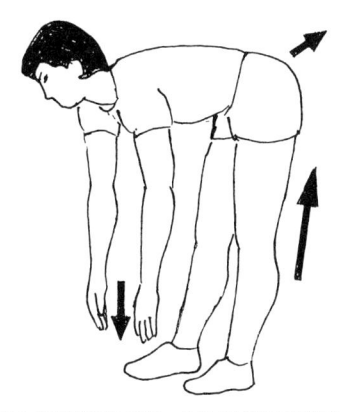

④大腿部裏側や臀筋・身体の裏側の筋群のストレッチング（20秒）
・無理のない程度に膝を伸ばすが腰にストレスがかからないように注意する．

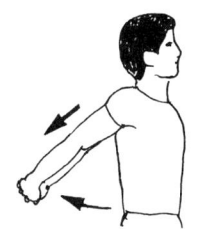

②胸を張りストレッチ（10秒）
・呼吸を止めない．

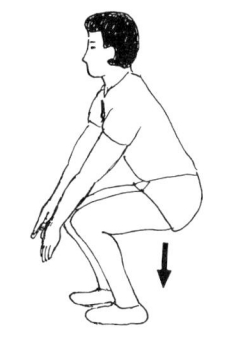

⑤a　下肢のストレッチング（20秒）
大腿部前面をゆっくり伸ばしつつ腰を降ろしていく．
腰筋をストレッチする．

⑤b　アキレス腱・殿筋等のストレッチング（20秒）
腰筋・殿筋・アキレス腱を伸ばす
・踵を地面から離さない．
余裕があれば肘を地面につけようとしてみる．

③体側や肩周辺の筋のストレッチング（10秒）

図6.1　日常生活に活かすストレッチング（立位に着目して）

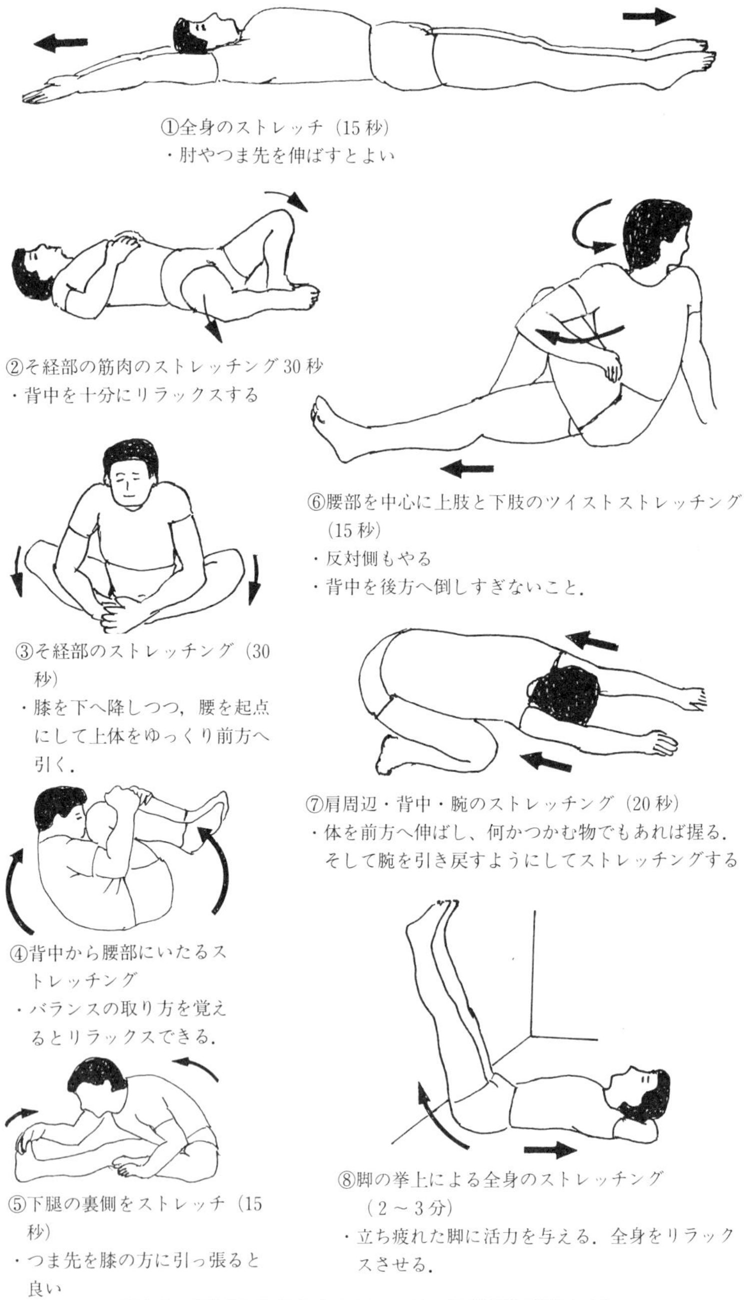

50　　6. 柔軟な体をつくるためのトレーニング

①全身のストレッチ（15秒）
・肘やつま先を伸ばすとよい

②そ経部の筋肉のストレッチング 30秒
・背中を十分にリラックスする

③そ経部のストレッチ（30秒）
・膝を下へ降しつつ，腰を起点にして上体をゆっくり前方へ引く．

④背中から腰部にいたるストレッチング
・バランスの取り方を覚えるとリラックスできる．

⑤下腿の裏側をストレッチ（15秒）
・つま先を膝の方に引っ張るとよい

⑥腰部を中心に上肢と下肢のツイストストレッチング（15秒）
・反対側もやる
・背中を後方へ倒しすぎないこと．

⑦肩周辺・背中・腕のストレッチング（20秒）
・体を前方へ伸ばし，何かつかむ物でもあれば握る．そして腕を引き戻すようにしてストレッチングする

⑧脚の挙上による全身のストレッチング（2～3分）
・立ち疲れた脚に活力を与える．全身をリラックスさせる．

図6.2　日常生活に活かすストレッチング（座位に着目して）

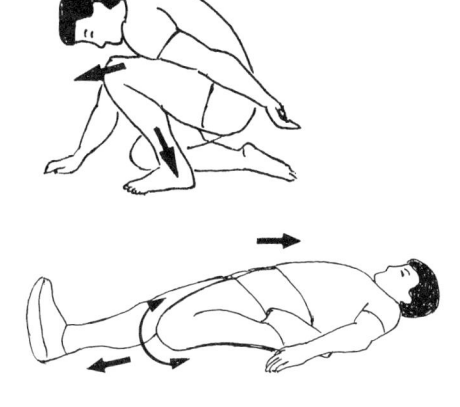

6.2 柔軟な体をつくるトレーニング　51

①アキレス腱，ふくらはぎの筋のストレッチング（各15秒）
・意識をしっかりアキレス腱とふくらはぎのストレッチ感におくこと．
・背中は丸目伸ばしする．

②大腿部表側の筋やアキレス腱などをストレッチする．（各25秒）
・座居からゆっくり後傾する．決して無理をしない．意識の焦点は曲げている方の脚の大腿部のストレッチ感におくこと．

③膝関節，股関節，殿筋などのストレッチング（各20秒）
・背中をスッキリ伸ばすこと
・胸に抱え込む位置によってストレッチ感を調整するとよい．

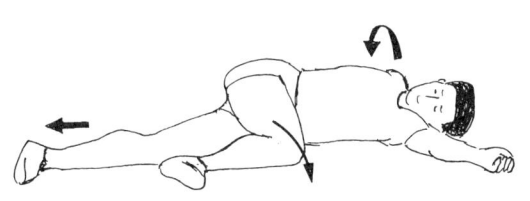

④上肢と下肢のツイスト状態による背部，腰部，臀筋などのストレッチング（各20秒）
・右手，右肩が床から離れない程度にツイストする．
・右膝の位置が高いほどストレッチ感が強まる

⑤股関節や大腿部内側の筋，背筋などをストレッチング（30秒）
・両脚を開いてすっきり背を伸ばし，余裕をもってストレッチを始めるとよい．
・決して無理をしない．

図6.3　スポーツに活かすストレッチング（下肢に着目して）

52　6. 柔軟な体をつくるためのトレーニング

①体側から肘にかけてのストレッチング（各10秒）
・まずは背伸びから始める、そして肘を曲げる
・下を向かないで、胸を張る

②肩、背中のストレッチング（20秒）
・膝は少々曲げ方がリラックスできる
・握り方や手の高さを変えてやるとよい.

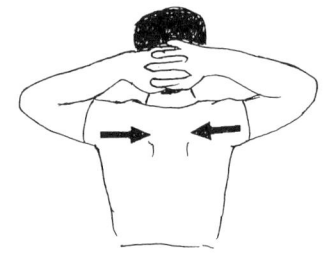

④背中・首すじのストレッチング（15秒）
・後頭部で手を組み，肘を真横へ開き伸ばしする
・肩甲骨周辺の筋を意識する
・肘を閉じて頭を前方に引きよせる。首すじをリラックスする

③胸、肩周辺のストレッチング（15秒）
・後方の手の高さや広げる巾等工夫すること
・前方を見て胸を張ること.

⑤肩、首周辺のストレッチング（各10秒）
・肩と首をツイストするようにゆっくりと対角線上方へ引いてやる．

図6.4　スポーツに活かすストレッチング（上肢に着目して）

3） スポーツに活かすストレッチング（図 6.3, 6.4）

ストレッチングの日本への導入は，そもそもスポーツマンの故障の防止と競技力向上を狙いとしていた．その効果は

① スポーツの準備運動へ導入することにより，ケガや故障の防止となる．
② 整理運動として，疲労の回復を促進する．すなわち，筋肉の血行を良くし活性化する．
③ 筋肉の特性である伸展性や弾性を高める．
④ 各スポーツの特性に応じた柔軟性が増す．

スポーツに活かすストレッチングの工夫は何と言っても各スポーツの特性から考案する必要がある．その工夫のヒントとして，図 6.3 には下肢のストレッチングを図 6.4 には上肢を中心としたストレッチングの基本を紹介した．

4） ペアー・ストレッチング（図 6.5）

ペアー・ストレッチングは，無駄な筋肉の緊張を引き出さずに，お互い楽な姿勢でストレッチ効果を上げようとする狙いがある．したがって，パートナーはお互いを理解しつつ引っぱり合ったり，もたれ合ったり，寄り掛りながらバランスをとり，よくリラックスしてストレッチングできる状態をつくることが大切である．

要注意点としては，決してふざけたり，必要以上に力を入れたりしないことである．パートナーや自分の「体の気付き」を大切にした交流を通して，お互いに体の調子を高めていければ楽しいストレッチングとなる． 〔勝亦紘一〕

参考文献

1) 安田矩明，小栗達也，勝亦紘一：ストレッチ体操，大修館書店，1981．
2) 安田矩明，小栗達也，勝亦紘一：ストレッチ体操，日本体育協会編スポーツジャーナル連，1983．
3) 松浦義行：体力の発達，朝倉書店，1982．
4) 文部省体育局：体力・運動能力調査報告書　平成 3 年度〜10 年度，文部省，1991〜1998．
5) ボブ・アンダーソン；堀居　昭訳：ボブ・アンダーソンのストレッチング，ブックハウス HD，1981．
6) M. Schmidt, A, Klümper : Basisgymnastik för Jedermann, Roba-Verlag GmbH, Darmstadt, 1989.

54 6. 柔軟な体をつくるためのトレーニング

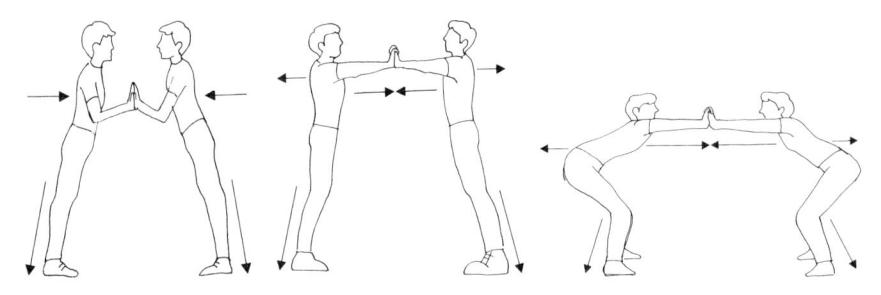

①前腕, 手首, 肩, 背中, 臀筋, 足首等のストレッチング (25秒)
・腰や背中に意識を集中するとよい

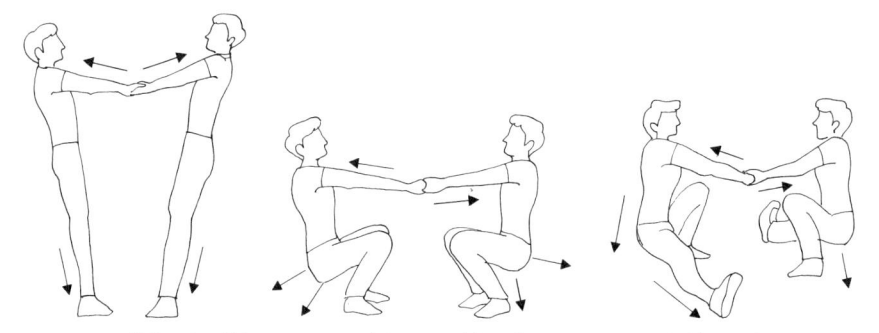

②背, 大腿前部, 足首〜大腿内側, 大腿裏側の筋をストレッチング (各20秒)
・踵を地面から離さない
・お互いに軽く引っぱり合っていると安定した姿勢ができる.

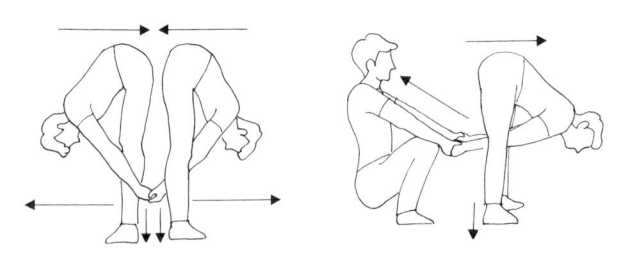

③体の裏側の筋群に着目したストレッチング (各15秒)
　a. 決して無理をしない
　b. 手を離さない

図6.5 ペアー・

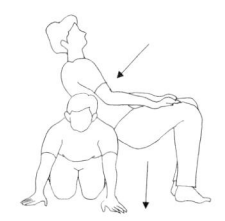

④腹部, 胸部のストレッチング (交互に 20 秒)
・上の者は息をゆっくり吐きながらリラックスする
・馬となる補助者は上手に高さを調節する.

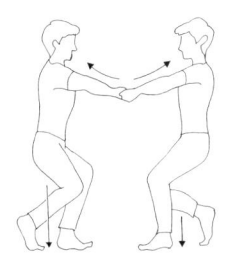

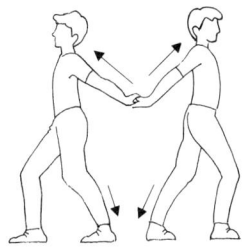

⑤下腿前側と後側のストレッチング
 (各 25 秒)
・膝の曲げぐあいによってストレッチングの強度を調整する.
・下を向かない. 背中を丸めない.

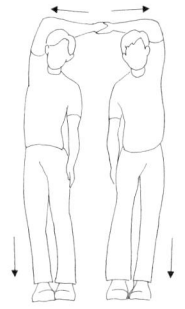

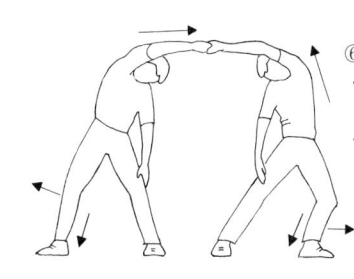

⑥体側のストレッチング (各 15 秒)
・お互いの腕にもたれながらゆっくり体を曲げる
・足裏は全部地面にしっかり固定する.

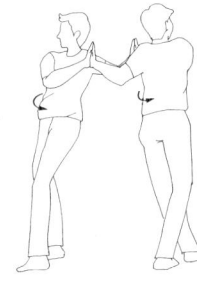

⑦上肢と下肢のツイスト・ストレッチング
 (各 15 秒)
・お互い同一方向からツイストして手の平をしっかり合わせる.
・足裏を地面にしっかり固定する.

ストレッチング

7

敏捷性を高めるためのトレーニング

7.1 敏捷性とは何か

　敏捷性とは「す早い動作を行う能力」のことである．この能力は①動作開始のす早さ，②動作切換のす早さ，③動作の速さ，からなる3つの能力要素から構成されている[4]．

a．動作開始のす早さ

　動作開始のす早さとは，反応時間（reaction time）のことである．反応時間とは，ある刺激（音や光など）の発現から反応開始までの所要時間のことである．すなわち，陸上競技やスピードスケート，競泳の短距離種目に見られるように，音を刺激としてスタートの動作をどれだけ短時間で開始できるのかといった能力である．

b．動作切換のす早さ

　動作切換のす早さとは，ある動作をしていて状況変化に応じて別の動作にできるだけ短時間で切り替える能力のことである．たとえば，バスケットボール，ハンドボール，サッカー，ラグビー，アメリカンフットボールなどの球技種目では，相手や味方のプレーヤーの動きやボールの動きに合わせて，常に状況変化に対応しながらプレーが継続される．すなわち，ボールを常にキープするためにはフェイント動作（バスケットボールとサッカーにみられるように前方の相手をドリブルでかわす場合，ハンドボールの相手をかわしてシュート体制に入る場合，また，ラグビーやアメリカンフットボールのように前方の相手を巧妙なランニングステップによりかわす場合など）のように相手プレーヤーに自分が動きながら，次にこのような動きをするとみせかけておいて素早くまったく別の動きをす

ることがある．このようにある動作を実行中に，まったく新しい別の動作にできるだけ短時間に切換える能力である．とくに，前述の球技種目ではボールをキープするためにこの能力は重要となる．

c．動作の速さ

これは動作そのもののスピードの能力である．たとえば，ランニングのスピードや野球における打者のバットスイングスピードや投手の腕を振るスピード，あるいは，テニス，卓球，バドミントンといった種目ではラケットを振るスピードのことである．

7.2 「敏捷性が高い」とは

「動作開始のす早さ」や「動作切換のす早さ」は，脳を中心とした神経系の情報処理能力であり，「動作の速さ」は筋の収縮速度をあらわす能力，すなわちパワー発揮能力である．この敏捷性が高いと評価されるには，「動作開始のす早さ」と「動作の速さ」の両者に優れている場合，または，「動作の切換のす早さ」と「動作の速さ」の両者に優れている場合，あるいは敏捷性の3つの能力要素すべてに優れている場合である．したがって，敏捷性に優れるとは，脳を中心とした神経系の情報処理能力と筋の収縮速度に優れていることが条件となる．

7.3 敏捷性を高める方法

スポーツにおける動作の場面での敏捷性では，「動きの切換の速さ」，「バランス」，「単純なスピード」，「加速」といった要素が含まれている．それはある動作の場面ではこれらの要素の一つだけが用いられるが，多くのスポーツにおける動作の場面ではこれらの要素が複雑に組み合わさって用いられている．

多くのスポーツにおける動作の場面では，開始から終了まで自分の意志だけによってリズムやタイミングがコントロールされることは非常に少なく，ボールあるいはプレイヤーの動きによって自分の動きが左右される．すなわち，相対的に瞬時に新しい状況が生まれ，その動きに適応しながら自分が動く中で敏捷性が求められる．

したがって，スポーツにおける動作の場面を想定して敏捷性を向上させるためには，自由に速く動くのではなく，一歩一歩の幅や移動の距離といった「枠」を

設定して動作をコントロールするトレーニングが重要である．このような幅と距離で規定された「枠」を意識して動作をコントロールし，動作自体の速さを追求することにより敏捷性のトレーニング効果が得られる．とくに，敏捷性を構成する能力の中で神経系の情報処理能力の向上を中心として（筋パワー発揮能力の向上のためのトレーニングは，本書のⅡの「3．筋力を強くするためのトレーニング」を参照），以下にさまざまな敏捷性の基本的なトレーニング方法を紹介するが，スポーツ競技には，それぞれの競技独自の動作や競技特性がある場合が多いので，そのスポーツ競技種目の特性に合致した，より実戦に近いトレーニング方法の工夫が必要である．なお，スポーツ競技力の向上を目的としない趣味やレクリエーションとしてスポーツを楽しむ人にとっては，す早い動きで構成されている球技型のスポーツを日頃より多く楽しむことによって敏捷性を高めることができる．

a．ラダートレーニング[3]

ラダーとは梯子状のトレーニング器具のことである．これを地面に敷き，「枠」として設定されたマスを順次1歩づつステップしたり，またはサイドステップやステップに身体の捻りを加えたり，多くのバリエーションがある．

1）クイックラン（図7.1）

1マスに対して片足1歩ずつのステップでできるだけす早く前進していく．

2）ラテラルクイックラン（図7.2）

1マスに対して両足とも1歩ずつステップし，できるだけす早く横向きに前進する．

3）クロスオーバー

マスの片側の端からスタートし，1歩目の右足を最初のマスの中に踏み出す．次にマスの片側を1歩ごとに脚を交差させて進んでいく．

4）スラロームジャンプ（図7.3）

マスの片側の端からスタートし，両足を揃えてマスの片側をジグザグに跳び越えて前進する．

5）ツイストジャンプ

マスの片側の端からスタートし，両足を揃えて前→右→前→左→前へ腰を強く捻りながらジャンプし前進する．

7.3 敏捷性を高める方法　59

図 7.1　クイックラン

図 7.2　ラテラルクイックラン

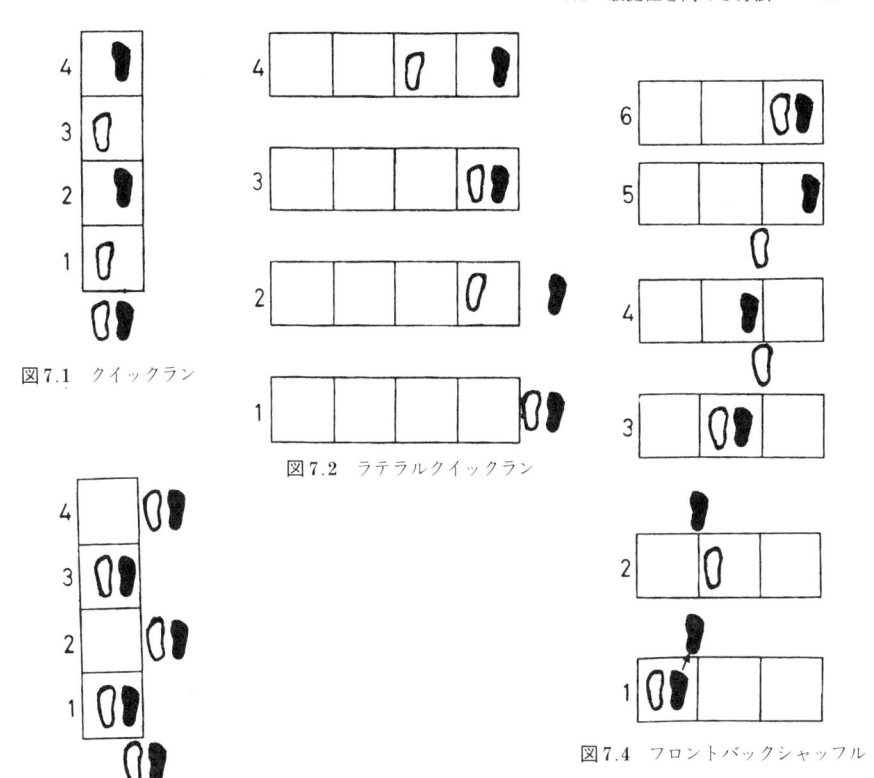

図 7.3　スラロームジャンプ

図 7.4　フロントバックシャッフル

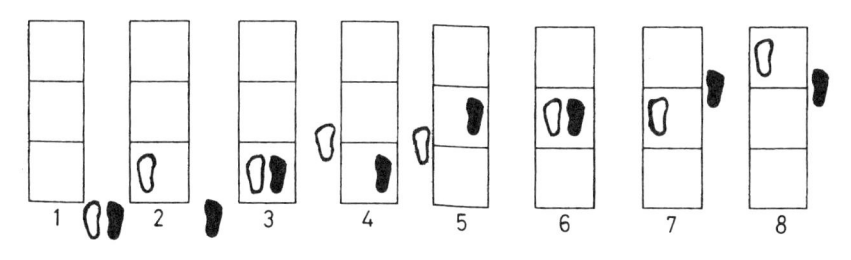

図 7.5　ジグザグシャッフル

6) キャリオカステップ

　マスの片側の端に横向きになって立ちスタートする．最初のマスに右足を踏み出し，次に左足を交差させて2つ目のマスに踏み出す．次に右足を3つ目のマスに踏み出す，これをくり返して前進する．

7） フロントバックシャッフル（図7.4）

マスの片側の端に横向きに立ってスタートする．右足をマスの前に出して踏み出す．2つ目のマスに左足を踏み出し，両足を2つ目のマスに入るように右足を下げる．次に左足をマスの後ろに出るように踏み出す．右足が3つ目のマスに入るように横に踏み出す．両足が3つ目のマスに入るように左足を前に踏み出す．以後マスの最後まです早くくり返す．

8） インアウトシャッフル

マスに対して横向きに立ってスタートする．左足を前に踏み出しマスに入れる．右足も同じマスに踏み出し両足を揃える．左足を次の左マスの後ろに踏み出す．右足を左足に揃えるよう踏み出す．以後マスの最後までくり返す．

9） ジグザグシャッフル（図7.5）

マスの端の片側からスタートする．左足を斜め左方向のマスに踏み出す．右足を同じマスに踏み出し両足を揃える．次に左足を斜め左方向のマスの外側（マスの1つ目と2つ目の間）に踏み出す．右足を2つ目のマスの中にまっすぐ踏み出す．左足を2つ目の右斜め方向のマスの中に入るように踏み出して両足を揃える．次に右足を斜め右方向の3つ目のマスの外側（マスの2つ目と3つ目の間）に踏み出す．左足を3つ目のマスの中にまっすぐ踏み出す．右足を3つ目の左斜め方向のマスの中に入るように踏み出して両足を揃える．以後マスの最後までくり返す．

10） アジリティシャッフル

マスの左側の端に横向きに立ってスタートする．左足を1つ目のマスの中に踏み出す．右足を1つ目と2つ目のマスの間の外側に出るように横に踏み出す．次に左足を右足に揃える．右足を2つ目のマスの中に踏み出す．左足を2つ目と3つ目のマスの間の外側に出るように横に踏み出す．右足を下げて両足を揃える．次に左足を3つ目のマスの中に踏み出す．以後マスの最後までくり返す．

b． ミニハードルトレーニング[3]

小型ハードル（約15〜30 cm程度）（図7.6）を直線的に（ハードル間隔は約100〜150 cm程度）連続して跳び越えるトレーニングである．このトレーニングでは，「枠」が設定されたラダートレーニングに，さらに，高さの要素を加えて発展させたものである．このトレーニングではジャンプとそれによるバランスの

7.3 敏捷性を高める方法　61

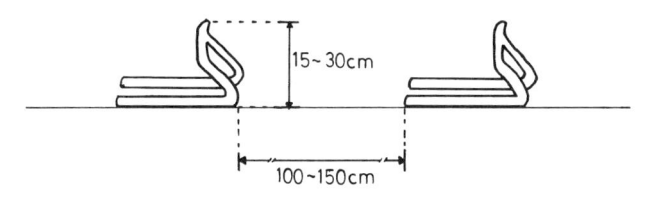

図7.6　小型ハードル

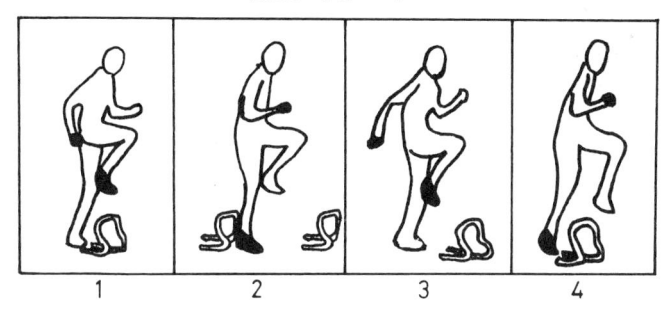

図7.7　スリーステップハイニー

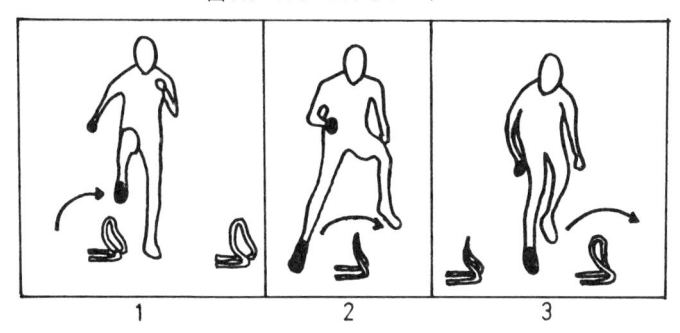

図7.8　ラテラルハイニー

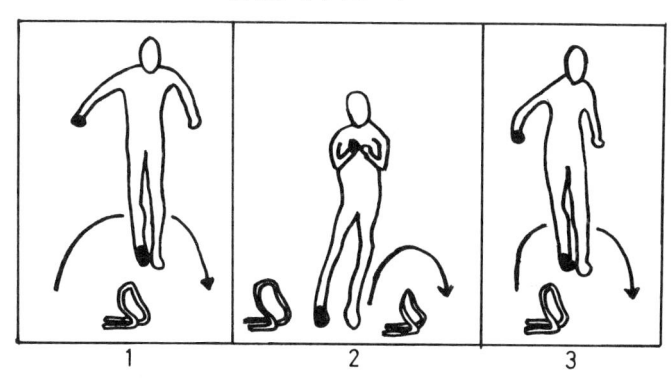

図7.9　ラテラル・アンクルジャンプ

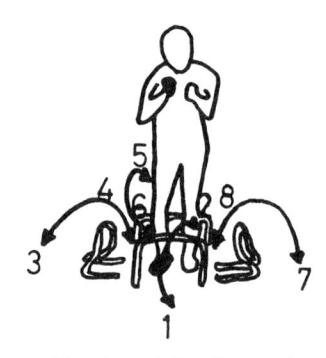

図7.10　スクウェアジャンプ

要素が加わった動作のコントロールが要求される．

1） スリーステップハイニー（図7.7）

ミニハードルを1m間隔で7台並べる．ハードル間を必ず3歩のステップで同じリズムで走り抜ける．

2） ラテラルハイニー（図7.8）

1）と同じようにミニハードルを並べ，進行方向に対して横向きになり，進行方向側の足だけハイニー（膝を高く上げる）を行って逆の足で地面を強く蹴って進む．

3） ラテラル・アンクルジャンプ（図7.9）

1）と同じようにミニハードルを設置する．進行方向に対して横向きでアンクルジャンプ（踵で地面を蹴ってジャンプ）をして進む．

4） スクウェアジャンプ（図7.10）

ミニハードル4台で1辺が約1m程度の四角形をつくるように設置する．中央から前→中央→右→中央→後ろ→中央→左→中央の順で両足でジャンプする．

c． アジリティディスク（図7.11）[3]

このトレーニングはとくにバランスの要素の向上をめざしたトレーニングである．アジリティディスクとかバランスボードと呼ばれる器具を用いる．この器具は接地面が曲線になっており，不安定にできている．この不安定な器具上に立ち体軸を素早く安定させるトレーニングである．器具上で短時間に体軸が安定するようになったら，次にジャンプして器具上に跳び乗って，できるだけ短時間に体軸を安定させるトレーニングを実施する．

図7.11　アジリティディスク

d． マーカーコーントレーニング[5]

コーンを好きなように並べてそれをできるだけ短時間に回るトレーニングである．す早い方向転換能力の向上をねらいとしたさまざまなドリルが設定できる．以下に基

本的なものをあげる．

1） ドリル1（図7.12）

ジグザグに並べたコーンを回ってゴールまで走る．

2） ドリル2（図7.13）

コーンを5mずつ離した正方形に配置する．最初の5mを前向きに，次の5mを横向きでサイドステップ（右方向へ）し，次の5mを後ろ向きで，最後の5mを横向きでサイドステップ（左方向へ）する．

3） ドリル3

コーンをスタートラインからおのおの5m，10m，15m，20mの間隔で配置する．各々のコーンに向かって，行きは前向きに走り，帰りは後ろ向きに走る．

4） ドリル4（図7.14）

コーンで10mの範囲をつくる．その中央からスタートし，左横に走りコーンにタッチし，続いて右横に走りコーンにタッチし，最初のスタート位置まで走る．

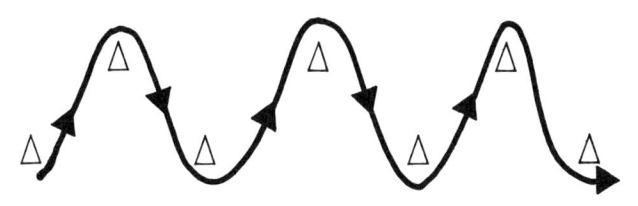

図7.12 マーカーコーントレーニング（ドリル1）

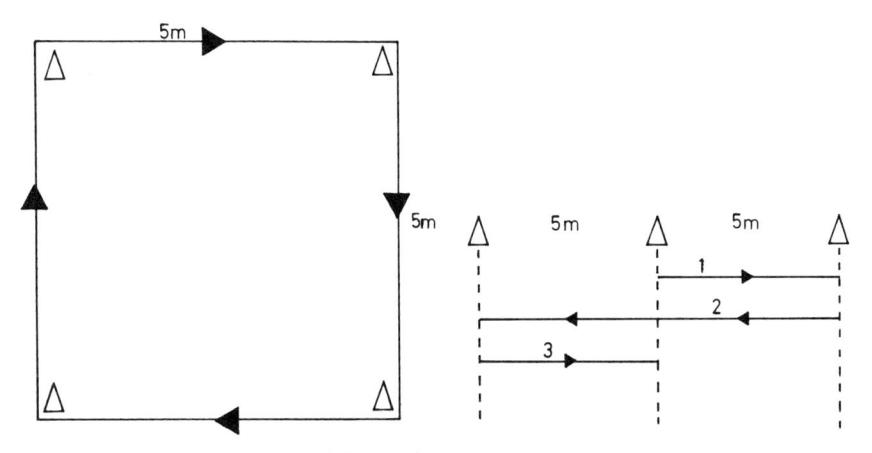

図7.13 マーカーコーントレーニング（ドリル2）　図7.14 マーカーコーントレーニング（ドリル4）

5） ドリル5

前後・左右5m間隔で4つのコーンを設置する．その中心に立ち，指示者の手の合図により指示者を見ながらす早く移動し，コーンにタッチする．コーンに達したら次の合図を出す．

e．ドットドリルマットトレーニング[5]

マット上に5個所ドット（○印）がつけてあるトレーニング器具を用いて，前後左右・斜めに両足や片足です早く跳び移ることにより，す早いフットワークとバランスの向上をねらいとしたトレーニングである．いろいろなドリルが工夫できる．基本的なものを以下にあげる．

1） ドリル1：2-1-2（図7.15）

手前の左右のドットにそれぞれ片足を置いてスタート．前方の中心ドットに両足で着地し，さらに，前方の左右ドットにそれぞれ片足で着地する．同じ動作を後ろ向きに行う．この動作を時間内にくり返す．

2） ドリル2：両足Zドリル

手前右のドットに両足を置いてスタート．左のドットに両足で跳び，次に斜め奥のドットに両足で跳び，さらに，左奥のドットに両足で跳ぶ．同じ動作を後ろ向きに行い，Z字のパターンをくり返す（逆Z字パターンも可）．

3） ドリル3：両足コーナードリル

手前右のドットに両足を置いてスタート．左のドットに両足で跳び，次に斜め奥のドットに両足で跳び，さらに，左奥のドットに両足で跳ぶ．次に後ろ向きに後ろ斜めのドットのスタート位置まで跳ぶ．このパターンをくり返す（手前左をスタート位置にして同じように行う）．

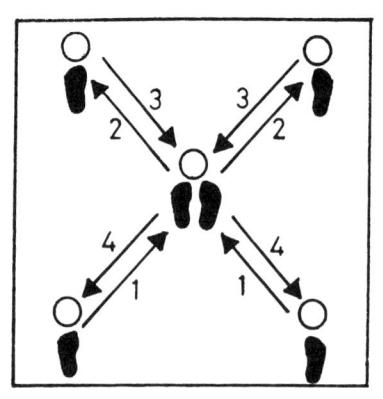

図7.15 ドットドリルマットトレーニング（2-1-2）

4） ドリル4：両足8の字ドリル

手前右のドットに両足を置いてスタート．左のドットに跳び移り，右斜めの中央のドットへ，次に左斜めのドットへ，さらに，右のドットへ，次に後

ろ向きで中央のドットへ，さらに，右後ろ斜めのスタート位置のドットへ，すべて両足で跳び移る．このパターンをくり返して行う．

5) ドリル 5：ターン付き 2−1−2

ドリル 1 の 2−1−2 と同じように行うが，スタートから最も奥のドットに跳び移る時に 180 度ターンし，ジャンプの向きを常に前方方向にする．

f．オーバースピードトレーニング

外的な力により自分の身体能力で発揮できる以上の速い身体移動を行い，通常のトレーニングで発揮される以上の筋収縮を引き起こし，潜在的な筋と神経の反応を導き出すことにより，ピッチ（歩数）とストライド（歩幅）の改善をねらいとしたトレーニングである．このトレーニングには，以下のようなものがある．いずれのトレーニングも筋にかかる負担が極めて強いため，ウォーミングアップを十分にした直後のできるだけ疲労が少ない時に数回行う．

1) ダウンヒルスプリンティング（下り坂走）[2]

通常，傾斜角度 2〜3.5 度程度の傾きが 50 m 程度継続するコースで行うが，理想的には 20 m 程度のフラットコースに続いて，1-3.5 度程度の 15 m 程度の下り坂，さらに，続いて 15 m 程度のフラットコースがあればもっとも望ましい．これは最初のフラット区間で最大スピード近くに加速し，傾斜区間でピッチとストライドを上げてオーバースピードにし，オーバースピードを持続しながら重力の助けを借りずにフラットな区間でスピードを持続することができるためである．この全力疾走を 5〜8 回程度くり返すが，各回の間に 2〜3 分程度の休息をとること．

2) 牽引トレーニング（トーイング）[2]

弾力性チューブを胴体に巻き付けて，チューブの張力により牽引力をつけて全力疾走する．たとえばゴールポストに一端をくくりつけ他方を自分の体につける．その状態でチューブを引き延ばしながら約 20 m 歩いて下がり，牽引力を受けながらゴールポストに向かって前進する．これを最初 4 回くり返すが，はじめの 2 回は 3/4 のスピードで行い，後の 2 回は最大スピードで走る．さらに，5〜8 m 程度下がって，牽引力を強めてスピードを高めて 3 回走る（各回の間の休息は 2〜3 分とる）．

〔松岡弘記〕

参 考 文 献

1) 浅見俊雄：スポーツトレーニング，朝倉書店，1985.
2) 小林寛道：スポーツスピードトレーニング，大修館書店，p. 165-171, 1999.
3) 日本SAQ協会編：スポーツスピード養成SAQトレーニング，大修館書店，1999年.
4) 大築立志：「たくみ」の科学，p. 74-76, 朝倉書店，1988.
5) Pauletto, B.：トータル・アスリート理論の考え方とトレーニングの実際 [3]. *Training Journal*, **2**：63-66, 1997.
6) 有働正夫：最適トレーニング，オーム社，1984.

8
肥満の予防や解消のためのトレーニング

8.1 肥満とは

a. 肥満とは脂肪のつき過ぎ

　健康な成人の体には，体重のおよそ60%の水分，20～30%の固形成分（タンパク質，ミネラル，糖質など），および15～25%の脂肪がある．これらのうち固形成分の量はあまり変わらないが，脂肪の量は食事や運動などの状況に応じて大きく変動する．運動不足や食べ過ぎが続くと脂肪が増える．体に過剰な脂肪がついて太った状態を肥満という．「肥満は過剰の脂肪の蓄積である」という定義が一般にひろく浸透したのは，1990年代以降のことである[1]．

　成人の場合，男子で体重の15～20%，女子で20～30%の脂肪が適正量とされている．これが男子で20%以上，女子で30%以上になると肥満と判定され，体に脂肪がつき過ぎていることになる（表8.1）．

b. 体脂肪率で肥満を判定する

　「最近太ってきた」というとき，何を基準にして判断しているのだろうか．体重が増えてきたことだけで太っているといっているのではなさそうである．スポーツ選手のように筋肉質でがっしりした体だと太っているという感じはしない．反対に，体重が少なくても丸みのある体だと太っているという感じがする．肥満かどうかは体重に占める脂肪の割合によるのである．

表8.1　体脂肪率による肥満の判定（Jackson, A.S.S., 1980）

性別		軽度の肥満	肥満	重度の肥満
男性		20	25	30
女性	14歳以下	25	30	35
	15歳以上	30	35	40

体の中にどれだけの脂肪が含まれているか，すなわち（脂肪の重さ÷体重）を体脂肪率という．この体脂肪率が増えることを太るというのである．肥満を判定するには全身の脂肪の重さを測り，体脂肪率を知ることが必要である．体脂肪率は市販されている体脂肪計で測ることができる．

c．BMI法で肥満度を評価する

一般の人でも正確に測ることができる身長と体重を基にして標準体重を求め，肥満の程度を判定する方法もある．

標準体重の求め方にはさまざまな方法があるが，1989年に日本肥満学会が標準的な物差しとして導入したBMI（body mass index）法が広く利用されている．BMIは，体重（kg）を身長（m）の2乗で割った数値である．たとえば，身長が1.6m，体重が55kgの人のBMIは次のようになる．

$$BMI = 55 \div 1.6^2 = 21.5$$

BMIによる肥満の判定は，22を「標準値」とし，25以上を「肥満」と判定する．したがって，標準体重は身長^2（m）×22となる．

d．肥満のタイプの判定法

肥満は，体型から「上半身肥満」と「下半身肥満」とに分けることもできる．上半身肥満は腹部から上に脂肪がたまるタイプである．その体型は「りんご型肥満」と呼ばれ，男性に多く見られる．下半身肥満は腰から臀部の部分に脂肪が蓄積するタイプである．この体型は「洋なし型肥満」と呼ばれ，女性に多く見られる．このうち上半身肥満の人の方が下半身肥満の人よりも，高血圧症，高脂血症，糖尿病などと関連が深いことがわかっている．上半身肥満の判定は次のように行う．

ア．ウェスト（cm）とヒップ（cm）を測る．
イ．W／H比＝ウェスト÷ヒップを求める．
ウ．W／H比が男性で1.0以上，女性で0.8以上の場合を上半身肥満と判定する．

8.2 なぜ肥満を予防・解消するのか

肥満は外見上の問題だけではなく，健康障害の重要な原因になる．このこと

8.2 なぜ肥満を予防・解消するのか

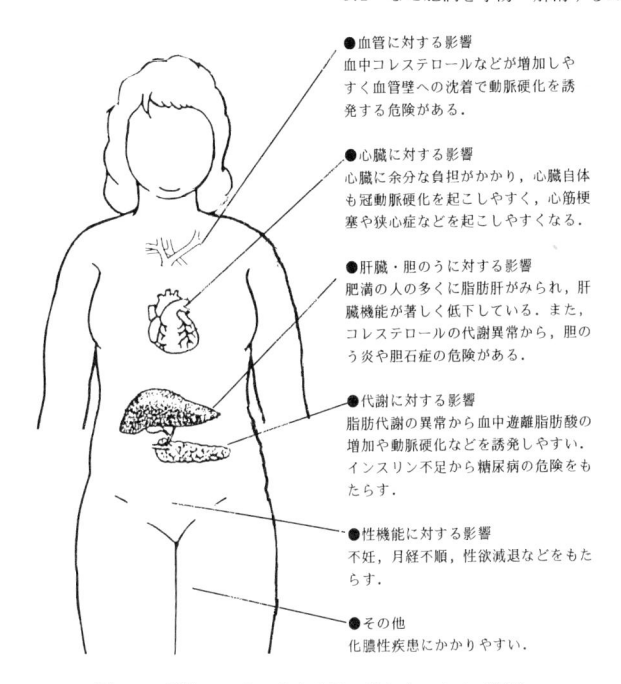

●血管に対する影響
血中コレステロールなどが増加しやすく血管壁への沈着で動脈硬化を誘発する危険がある.

●心臓に対する影響
心臓に余分な負担がかかり,心臓自体も冠動脈硬化を起こしやすく,心筋梗塞や狭心症などを起こしやすくなる.

●肝臓・胆のうに対する影響
肥満の人の多くに脂肪肝がみられ,肝臓機能が著しく低下している.また,コレステロールの代謝異常から,胆のう炎や胆石症の危険がある.

●代謝に対する影響
脂肪代謝の異常から血中遊離脂肪酸の増加や動脈硬化などを誘発しやすい.インスリン不足から糖尿病の危険をもたらす.

●性機能に対する影響
不妊,月経不順,性欲減退などをもたらす.

●その他
化膿性疾患にかかりやすい.

図 8.1 肥満はいろいろな病気の引き金になる(湯浅, 1995)

は,科学的な裏づけを基にして近年急速に解明されてきた.体脂肪率が高いほどコレステロール,中性脂肪,血糖,血圧,尿酸などの値が高くなることがわかってきた(表 8.2).

肥満が招く病気は 1 つではない(図 8.1).いろいろな病気を引き起こす原因となっている.肥満にともなって起こりやすい病気には,糖尿病,高血圧,高脂

表 8.2 体脂肪率と医学的検査値との関係(今村他,1992 より一部改変)

医学的検査項目	体脂肪率		
	18%未満	18 から 9.9%	20%以上
総コレステロール(mg/dl)	185.4±34.9	194.4± 33.3	200.9±32.0
高比重リポタンパクコレステロール(mg/dl)	53.6±15.9	53.2± 17.3	47.4±13.5
総コレステロール/比重リポタンパクコレステロール	3.8± 1.4	4.0± 1.6	4.5± 1.6
中性脂肪(mg/dl)	121.9±98.8	154.5±117.7	150.3±71.4
血糖(mg/dl)	98.7±16.4	104.0± 25.1	107.4±24.5
収縮期血圧(mmHg)	118.8±14.3	122.4± 14.6	125.0±15.0
拡張期血圧(mmHg)	77.3±10.7	80.0± 8.3	81.3±10.5
尿 酸(mg/dl)	5.9± 1.4	6.6± 1.6	8.4± 1.3

血症，痛風，動脈硬化，心筋梗塞，脂肪肝，胆石症，脳卒中，月経不順，インポテンス，変形性膝関節症などがある[2]．運動不足や過食から肥満になりやすい現代人にとっては，「肥満は万病の元」であるといえる．

肥満予防や解消は，健康な体を維持するために必要なことである．

8.3 なぜ肥満になるのか

a．摂取エネルギー量と消費エネルギー量の差

体の中にある脂肪の量の変化は，食事からとった摂取エネルギー量と運動などで使った消費エネルギー量の間に差が生じたときに起こる．

運動不足で消費エネルギー量が少ないときに余計に食べてしまうと，使い切れないエネルギーの余りが出る．この余ったエネルギーはいざというときのために，脂肪細胞の中に脂肪として備蓄される．消費エネルギー量よりも摂取エネルギー量の多い状態が続くと，脂肪細胞に備蓄される脂肪も着実に増える．その結果，肥満となる．

反対に摂取エネルギー量が少なかったり，消費エネルギー量が多いときには，足らないエネルギーを補給するために脂肪を使うので体の中に蓄積されている脂肪の量は減っていく．

運動不足と過食が重なれば，体脂肪は確実に増えていく．これは，人間に備わった基本的なメカニズムなのである．

b．エネルギー消費量の減少と肥満

人間が1日の中で消費するエネルギー量は大きく2つに分けられる．

1つは基礎代謝量である．基礎代謝量は，目を覚ました状態で絶対安静を保っているときに必要なエネルギー量である．すなわち，生きるために必要な最少のエネルギー量である．成人の1日の基礎代謝量はおよそ1200〜1400 kcalである．そのうち22〜36%を筋肉が消費する．筋肉の量が少ないと基礎代謝量は低下する．

2つ目は活動代謝量である．活動代謝量は，食事，掃除，通勤，仕事，スポーツなどのように筋肉の活動よって消費されるエネルギー量である．活動代謝量は体をどの程度動かしているのかによって決まるので，体を活発に動かすほど活動代謝量も増加する．反対に，体をあまり動かさない生活が続くと活動代謝量は低

下する．

　消費エネルギー量は基礎代謝量と活動代謝量の合計によって決まる．基礎代謝量と活動代謝量のいずれか，あるいは両方が減少すると消費エネルギー量は減り，エネルギーの余りが出て肥満になるのである．

8.4 肥満の予防や解消のためのトレーニング

a．運動し食事を制限する意味

　肥満の原因は，運動不足による消費エネルギー量の低下と過食による摂取エネルギー量の増大である．したがって，肥満を予防し解消するには運動して消費エネルギー量を増やし，食物からの摂取エネルギー量を制限すればよい．

　ところで，運動によって消費されるエネルギー量は決して多いとはいえない．たとえば速歩を30分続けても100 kcalしか消費されない（図8.2）．これは茶碗2/3杯分のごはんのエネルギー量と同じである．数字だけ見れば，速歩を30分間行う代りにごはんを少しだけ制限しても効果は同じことになる．

　若者の中には，運動しないで食事だけ制限して肥満を予防・解消しようとするものがいる．確かに食事制限だけでも脂肪や体重を減らすことはできる（表8.3）．しかし，食事制限と運動を組み合わせる方が，脂肪や体重減少の効果は大きい．しかも，食事制限だけを行った場合には体力や生理的機能の低下をもたらすが，食事制限と運動を組み合わせた場合には体力の低下は起こらない．肥満を解消し予防するためには食事療法と運動療法を組み合わせることが重要である．

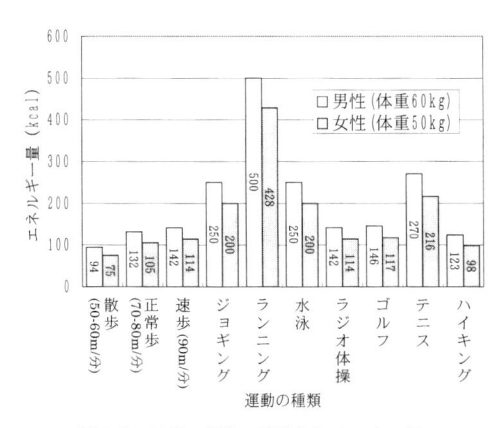

図8.2　30分の運動で消費されるエネルギー

表 8.3 「食事制限のみ」と「食事制限＋運動」の効果の比較

項　目	食事制限のみ	食事制限＋運動
体重の減少	9.5 kg	10.3 kg
脂肪量の減少	7.8 kg	9.6 kg
安静時代謝率	7％増	12％増
血中コレステロール	－1.4 mmol/l	－1.2 mmol/l
血中中性脂肪	－0.5 mmol/l	－0.3 mmol/l

b．基礎代謝量を高めるためのトレーニング

　基礎代謝量は年齢とともに低下していく．20歳代に比べて40歳代では1日に体重1 kg あたりで2 kcal だけ基礎代謝量が減る．体重60 kg の人なら，1日に120 kcal の低下になる．この低下の主な原因は筋肉量の減少や代謝の低下にある．成人の1日の基礎代謝量はおよそ1200〜1400 kcal であるが，そのうちの1/3を筋肉が消費する．したがって，筋肉量が少なくなったり，筋肉の代謝能力が衰えると，基礎代謝量は低下する．

　年齢だけの問題ではない．運動不足の状態が長く続いても筋肉のエネルギー代謝能力や筋肉の量は減る．したがって，運動不足も基礎代謝量を低下させる原因となる．

　肥満を予防し解消するためには，筋肉のエネルギー代謝能力を高め，筋肉の量を増やし，基礎代謝量を高めることである．このために有効な運動はレジスタンス・トレーニングである．レジスタンス・トレーニングとは筋肉に抵抗（レジスタンス）を加えて行う運動のことである[4,5]．このトレーニングを利用して，大きな筋肉のある腹部，脚部，背部を鍛えるのが基礎代謝量を高めるのに効果的である．

1）腹部の運動

i）クランチャー（図8.3）　膝を60°くらいに曲げて，両手を頭の後ろで組んで仰向けに寝る．両足は肩幅に開く．上体をゆっくり丸めて起こしたり，戻したりする．肩が床から離れる程度まで起こす．10〜20回を3〜5セット．

ii）ニーレイズ（図8.4）　ベンチの端に座り，膝を軽く曲げて宙に浮かべておく．腰と膝を曲げるようにして脚を胸に引き寄せたり，伸ばしたりする．10〜20回を3〜5セット．

iii）前腹部のアイソメトリクス　膝の上に回したタオルの両端をもち，全

力でタオルを足先の方へ押すと同時に両膝を胸の方へ引きつけるようにする．この状態を7秒間保持する．この運動を休みをはさみながら5回くり返す．

2) 脚部の運動

i) スクワット（図8.5）　両足を肩幅より少し広めに開いて立つ．胸を張り背を伸ばしたまま，両膝を曲げたり伸ばしたりする．慣れてきたらダンベルをもって行う．10～20回を3～5セット．

ii) カーフ・レイズ（図3.8参照）　箱のように一段高いところにつま先を乗せ，かかとを引き下げておく．ここからゆっくりとつま先立ちしたり，下げたりする．10～20回を3～5セット．

iii) 脚のアイソメトリクス（図20.11参照）　一方の足で立ち，その膝を90°に曲げて7秒間保持する．休みをはさみながら，この運動を5回くり返す．

3) 背部の運動

i) ワンハンド・ロウイング（図8.6）

ベンチに一方の膝と手をついて体を支える．もう一方の手にもったダンベルを引き上げる．背中を丸めないようにして行う．10～20回を3～5セット．

ii) プローン・レッグ・レイズ（図8.7）

腰から上がベンチにのるようにして，うつ伏せになる．両手でベンチをつかみ，上半身を支える．宙に浮いた脚をゆっくりもち上げたり下ろしたりする．10～20回を3～5セット．

iii) 背部のアイソメトリクス（図20.7参照）

うつ伏せに寝る．左腕を曲げ，右腕および両脚を伸ばす．右腕と左脚を床から10cmほど上げて7秒間維持する．次に，右腕を曲げ，左腕と右脚を床から10cmほど上げて，7秒間維持する．左右交互に，それぞれ5回くり返す．

c. 活動代謝量を高めるためのトレーニング

活動代謝量を高めるには，とにかく運動を行ってエネルギーを消費することである．消費されるエネルギー量は異なるが，どのような種類の運動でも体を動かせばエネルギーは確実に消費されるのである（表8.4）．しかし，肥満を予防したり解消するときには有酸素運動を行うのが効果的である．有酸素運動とは，酸素を十分に取り入れながら行われる運動のことである．エアロビクスとも呼ばれ，ウォーキング，ジョギング，スイミング，サイクリングなどがある．さらに

図 8.3 クランチャー
腹部の筋肉を太くする運動

図 8.4 ニーレイズ
腹部の筋肉を太くする運動

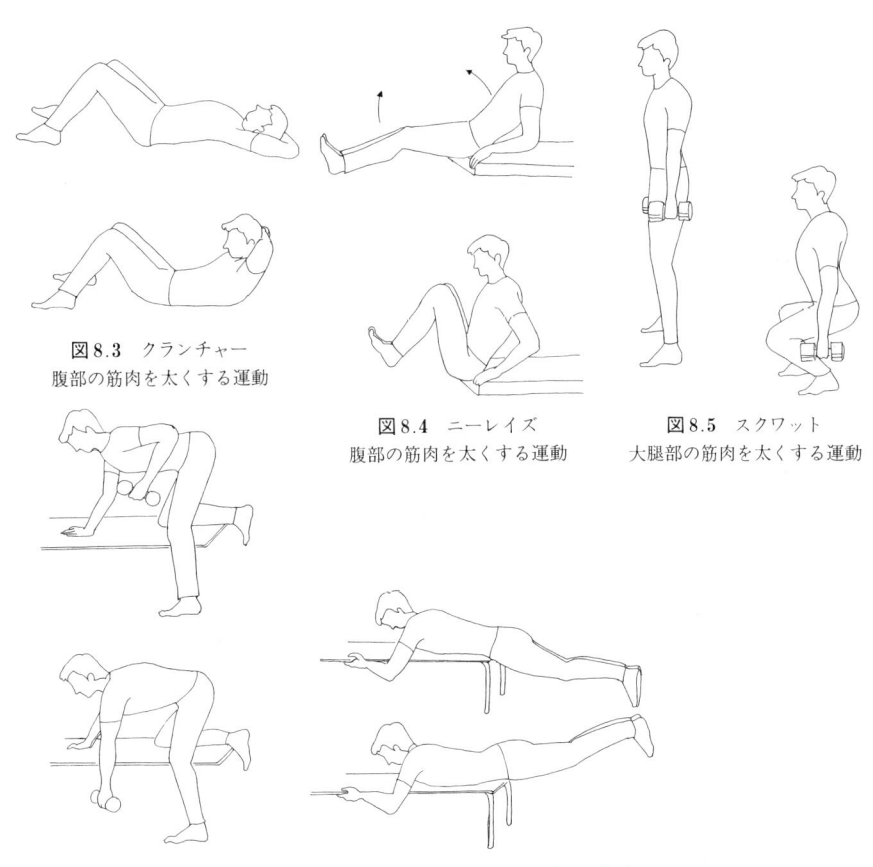

図 8.5 スクワット
大腿部の筋肉を太くする運動

図 8.6 ワンハンド・ロウイング
背中の筋肉を太くする運動

図 8.7 プローン・レッグ・レイズ
背中の筋肉を太くする運動

注意することは，エネルギーの出所である．

　運動中のエネルギーは糖質と脂肪から出される．エネルギーを消費するだけなら糖質であろうと脂肪であろうと，どちらからエネルギーが出てもよい．ところが，肥満の予防や解消が目的であるときには，脂肪からたくさんのエネルギーが出るように運動を行うことが必要である．脂肪がエネルギー源として使われると，その量が減り肥満の予防や解消に役立つからである．

　脂肪を使うように運動するためには，運動の強さと時間に配慮しなければならない．

　運動強度が 60% 以下（中等度以下）のときには脂肪と糖質が半々に使われる

表8.4 各種運動の1分間の消費エネルギー量（三浦・橋本，1993より一部改変）

運　動	1分間の消費エネルギー量（kcal）
安静臥位	1.4
安静座位	1.7
掃除などの立ち仕事	3.7
歩行（時速3 km）	2.9
歩行（時速8 km）	7.4
駆け足（時速8 km）	8.2
駆け足（時速16 km）	16.4
エアロビクスダンス	8.2
ゴルフ（キャディーなし）	3.7
柔道・空手	11.5
野球	4.3
テニス（シングルス）	6.7
テニス（ダブルス）	4.7
バトミントン	4.1
ラケットボール	8.8
自転車（時速8 km）	2.6
自転車（時速16 km）	5.7
自転車（時速24 km）	9.8
自転車（時速32 km）	14.4
バスケットボール	6.7
ボウリング	3.7
ホッケー	8.2
アメリカンフットボール	8.1
バレーボール	3.9
ハンドボール	8.8
スキー（滑降）	8.8
スキー（滑降，時速4 km）	6.7
スケート（時速15 km）	5.7
水泳（背泳25 m／分）	3.4
水泳（自由形25 m／分）	5.4
水泳（平泳25 m／分）	5.4
卓球	4.7
ウェイトトレーニング	7.0
ヨット（小艇）	3.7
乗馬（並足）	2.6
乗馬（早足）	3.7
登山	8.2

が，それ以上に強度が上がってくると徐々に糖質からのエネルギー供給の割合が増えていく．肥満の予防や解消のためには，運動強度は中等度で行うことが必要である．目安は，「呼吸はややきついが，十分に話しはできる」程度の強さである．

　有酸素運動をはじめると最初は糖質が中心になってエネルギーを供給する．15～20分経過した頃からしだいに脂肪の燃焼が高まってくる．したがって，肥満の予防と解消のためには20分以上運動を続けることが必要である．これまでの研究から，脂肪を燃焼するのに最も効果的な運動はウォーキングであることがわかっている．1日に20～60分のウォーキングを週4～5日の頻度で行うのがよい．ウォーキングは，正しい姿勢を保ちながら，呼吸は鼻から吸って口から吐くように行うようにしよう（図20.2参照）．　　　　　　　　　　　　　　〔湯浅景元〕

参 考 文 献

1) 蒲原聖可：肥満とダイエットの遺伝学～遺伝子が決める食欲と体重，p.6，朝日新聞社，1999.
2) 湯浅景元：体脂肪～脂肪の蓄積と分解のメカニズム，p.91，山海堂，1995.
3) Svendsen, O.L., et al.: Effect of an energy-restricted diet, with or without exersice, on lean tissue mass, resting metabolic rate, cardiovascular risk factors, and bone in overweight postmenopousal women. *Am.J.Med.*, **95**: 131-139, 1993.
4) トレーニング科学研究会編：レジスタンストレーニング，p.20，朝倉書店，1994.
5) 湯浅景元：筋肉～筋肉の構造・役割と筋出力のメカニズム，山海堂，1998年.
6) 湯浅景元：体脂肪が気になる人のダイエットウォーキング，p.66-67，女子栄養大学出版部，1998.

III 体力づくりのための生活習慣と食事

9 体力づくりのための食事

9.1 運動と栄養

a．栄養と栄養素

「牛乳には栄養がある」とよく言われるが，厳密にはこの表現は正しくない．栄養とは，生物が生きていくために体外から物質を取り入れて利用するプロセスのことである．体外から取り入れる物質は栄養素と呼ばれる．

人間が必要とする栄養素は，糖質，脂質，タンパク質，ビタミン，ミネラル（無機質）の5つである．これらの栄養素には，エネルギー源や生体の構成成分となり，体調を整えるといった重要な役割があり，また体力づくりを行う場合にも重要である．

体力トレーニングのために運動を行うときの栄養素の大切さは，次のようにまとめられる（図9.1）．

・運動から見た栄養素の第1の役割は，エネルギーの供給である．体力づくりのために運動を行うときには，日常生活以上のエネルギーが必要になる．このエネ

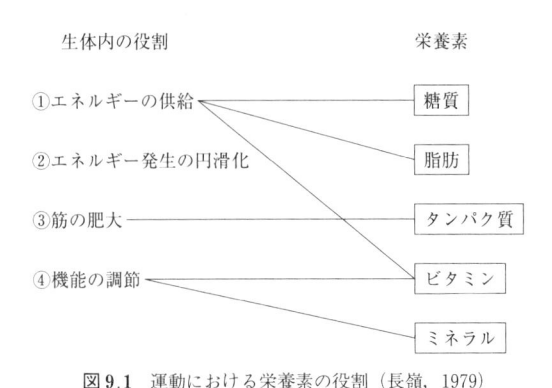

図9.1 運動における栄養素の役割（長嶺，1979）

ルギーが供給できなければ運動を行うことはできず，体力を向上させることもできない．まずは，エネルギー源になる栄養素を体内に取り込むことである．
・第2の役割は，エネルギーの発生を円滑に行うことである．体内に取り込んだ糖質や脂質といった栄養素を分解してエネルギーを出さねばならない．この反応を円滑に進めるのがビタミン B_1，B_2，ニコチン酸である．
・第3の役割は，筋肉を肥大させることである．運動によって筋肉に負荷を加えると，タンパク質を利用して筋肉を肥大させる．
・第4の役割は，体内に取り入れられたビタミンやミネラルによって体調を整えたり，持久力を保持したり，疲労回復を促進させることである．

体力を高めるには，適度な運動と適切な栄養素摂取を組み合わせることが必要である．

b．運動と栄養素
1）糖　　質

三大栄養素といわれる糖質，脂質，タンパク質のいずれも体内で燃えると運動のエネルギーとなる．この中でタンパク質は筋肉，骨，皮膚，血液など体のあらゆる組織をつくる重要な成分である．したがって，タンパク質をエネルギー源として利用することは，健康障害の原因となる．運動などに必要なエネルギーは糖質や脂質から供給することが重要である．その中でも，身体活動にとって最も重要なエネルギー源は糖質である．糖質が少なくなると，脂質からエネルギー源が供給されるようになる．

タンパク質の崩壊を起こさないためには，1日50～100 gの糖質の補給が必要であるということで，大方の専門家の意見は一致している[1]．米1カップにおよそ50 gの糖質が含まれている．

2）脂　　質

脂質は，運動する人にとっては糖質の次に重要なエネルギー源となる．とくに，運動時間が長くなると糖質からのエネルギー供給の割合は減って，脂質からのエネルギー供給の割合が増えてくる．したがって，体力づくりのために長時間運動を行うときには，ある程度の脂質を食事で取っておくことが必要である．しかし，この場合，脂質の摂取量が総エネルギー消費量の30％以内におさめることが，肥満予防の点から推奨されている．

また，肥満予防からコレステロールの多い食品を減らして，コレステロールの1日の摂取量が300 mgを超えないようにする必要がある．脂質をとる場合には，さらにコレステロール値を下げる不飽和脂肪酸が多く含まれている食品を摂取することも薦められている[2]．

3） タンパク質

タンパク質には2つの役割がある．

最も重要な役割は，次のように体の組織や身体機能にとって必要な物質の成分となることである．

① 運動にとって重要な筋肉や骨の成分となる．
② 血液の中にあって酸素の運搬を行うヘモグロビンや，筋肉の中にあって酸素を運搬するミオグロビンの成分となる．
③ 体内でのさまざまな化学反応を促進する酵素や，酵素の働きを助ける補酵素の成分となる．
④ ブドウ糖をグリコーゲンやタンパク質に合成する働きを促進するインスリンの成分となる．
⑤ 筋肉活動の直接のエネルギー源となるATP（アデノシン三燐酸）の成分となる．
⑥ 病原菌に抵抗する抗体の成分となる．

第二の役割は，エネルギー源になることである．タンパク質は，1gあたり4.1 kcalのエネルギーを発生する．しかし，タンパク質は先ほど述べたように体の重要な構成成分になっているので，エネルギー源として使うことは筋肉や骨や血液などの生命維持にとって重要な組織を減らすことになる．したがって，タンパク質をエネルギー源として利用することは避けなければならない．飢餓のときを除けば，身体活動のためのエネルギーは糖質と脂質から供給されている．

タンパク質の摂取量は，一般には1日に体重1 kgあたり1 gである．体力づくりのために運動を行うときには，体重1 kgあたり1.2～1.5 gに増やすようにする．

食事によってタンパク質をとるときに注意することは，食品に含まれているアミノ酸の種類と量である．タンパク質の栄養素としての価値は，含まれているアミノ酸の種類と量で優劣が決まる．アミノ酸の中でも，イソロイシン，ロイシン，リジン，メチオニン，フェニルアラニン，スレオニン，トリプトファン，バ

リン，ヒスチジンの9種類は体内でほとんど合成されない上に，人体の機能を正常に働かせるために必要不可欠なものである．これら9種類のアミノ酸（必須アミノ酸）は，かならず食物からとらなければならない．

必須アミノ酸は魚類，肉類などに多く含まれている．食事によってタンパク質や必須アミノ酸を摂取するときには，複数の食品からとるようにするのが好ましい．

4) ビタミン

ビタミンは体の構成成分でもないし，エネルギー源にもならない．しかし，体の正常な機能を営むために欠くことのできない栄養素である．ビタミンの必要量は少ないので，"微量栄養素"と呼ばれる．ビタミンは体内でつくることができないので，食事でとることが必要である．

ビタミンは脂溶性ビタミン（ビタミンA，D，E，K）と水溶性ビタミン（ビタミンB，パントテン酸，ビチオン，ビタミンC）に分類できる．水溶性ビタミンは小腸で容易に吸収されるが，脂溶性ビタミンは脂肪といっしょでないと小腸から吸収されない．そのため，脂肪摂取を制限しすぎると脂溶性ビタミンの吸収は阻害される．

脂溶性ビタミンは体内に蓄積されるので，食事で十分摂取しなかったとしても2～6ヶ月は欠乏状態を起こすことはない．それに比べて，水溶性ビタミンはほとんど体内に蓄積できないので，食事で摂取しなくなると容易に欠乏状態をきたすことになる．

ビタミンは種類によって役割が決まっている．各種のビタミンが含まれている食品を食事によって摂取することが必要である（表9.1）.

5) ミネラル

ミネラルは，必要量は少ないが体の正常な機能のために必ず必要な物質である．ビタミンと同様に"微量栄養素"の1つである．栄養学でいうミネラルとは食品や飲料水に含まれている無機の元素のことである．水などに溶けているミネラルのことを電解質という．

人間の体にとって必要なミネラルは15種類あるが，その中で人体に比較的多く含まれているナトリウム，カリウム，カルシウム，リンなどと，少ししか含まれない鉄，銅，亜鉛，ヨード，フッ素，セレン，モリブデンなどに分けられる．

ミネラルは種類によってそれぞれ特徴的な役割がある．体の機能を正常に保ち

表9.1 ビタミンの種類・役割・主要食品

	種類	役割	主要食品
水溶性	ビタミン B_1	補酵素として炭水化物の代謝に関与.	獣鶏肉類, レバー, パン, 豆類, 牛乳, 緑黄色野菜
	ビタミン B_2	補酵素としてアミノ酸, 脂質, 炭水化物の代謝に関与. 動物の成長を促進.	レバー, 卵黄, 獣鶏肉類, 緑黄色野菜
	ナイアシン	エネルギー産生を促進.	レバー, 獣鶏肉類, 魚介類, 豆類, 緑黄色野菜
	ビタミン B_6	補酵素としてアミノ酸やタンパク質の代謝に関与.	レバー, 獣鶏肉類, 魚介類, 牛乳, 卵, 豆類
	ビタミン B_{12}	アミノ酸, タンパク質の合成に必要.	レバー, 獣鶏肉類, 魚介類, チーズ, 卵, 貝
	葉酸	アミノ酸生成に必要. 血球の再生に必要.	レバー, 獣鶏肉類, 卵黄, 牛乳, 豆類
	パントテン酸	脂質, 炭水化物, タンパク質の代謝に関与.	レバー, 獣鶏肉類, 魚介類, 牛乳, 豆類
	ビタミン C	コラーゲン合成, 鉄の吸収強化, 抗酸化作用などに必要.	みかん, いちご, 緑黄色野菜, ブロッコリー, ほうれん草, ピーマン, イモ類, 豆類, 緑茶
脂溶性	ビタミン A	タンパク質合成や成長に関与.	バター, 牛乳, チーズ, 卵, にんじん
	ビタミン D	カルシウムとリンの合成を増大させ骨合成を調整.	レバー, いわし, しらす干し, カツオ, マグロ, きのこ類
	ビタミン E	抗酸化作用. 神経や赤血球の働きに関与.	穀物, 緑黄色野菜, 豆類
	ビタミン K	タンパク質合成, とくに血液凝固のためのタンパク質合成に関与.	緑黄色野菜, 植物油, 豆類, 獣鶏肉類

ながら運動を行うためには，必要に応じて，適量のミネラルを食品から摂取しなければならない（表9.2）. 〔湯浅景元〕

参考文献

1) Synder Ann C.；山崎元監訳：エクササイズと食事の最新知識，ナップ，1999.
2) 科学技術庁資源調査会編：四訂 食品成分表，女子栄養大学出版部，1998.
3) 工藤毅志編：食べる健康大事典，学習研究社，1987.
4) 湯浅景元：よくわかるスポーツサイエンス，サニーサイドアップ，1994.

表9.2 ミネラルの種類・役割・主要食品

種類	役割	多く含まれる食品
カルシウム	骨の硬組織の成分．筋収縮や血液凝固に必要．	小魚類，牛乳，チーズ，ブロッコリ，豆類，ナッツ
リン	骨の硬組織の成分．糖代謝の促進．ATPをつくりエネルギーの貯蔵．	卵黄，獣鶏肉類，魚介類，小魚
鉄	ヘモグロビンとミオグロビンの構成成分．酸素運搬．	レバー，卵，きな粉，煮干し，塩から，のり，赤身肉，魚，鶏肉，ナッツ
ナトリウム	水分バランスの維持，体液のアルカリ性の保持，ブドウ糖の腸管吸収の促進，カルシウム吸収に関与．	食塩，みそ，しょうゆ，塩から，つくだ煮，ハム，パン
カリウム	水分バランスの維持，心臓や筋肉の機能の調節．	野菜，果物，牛乳
ヨウ素	発育の促進．基礎代謝の促進．	海藻類，海産物
マグネシウム	炭水化物代謝の促進．神経伝達や心機能に関与．	魚介類，獣鶏肉類，バナナ，ほうれん草，香辛料，豆類
マンガン	骨の生成を促進．	肉類，豆類，米，ナッツ
銅	血液凝固，免疫，鉄吸収に関与．	レバー
コバルト	造血機能，血液や血色素の生成に関与．	レバー
塩素	血液の酸度や浸透圧の維持．	食卓塩
亜鉛	タンパク質合成，免疫に関与．	魚介類，獣鶏肉類，牛乳，豆類
フッ素	骨や歯の成分．	水
イオウ	アミノ酸やビタミン（ビオチリンとサイアミン）の構成成分．	タンパク質を含む食品

9.2 筋肉づくりのための食事

a. 筋肉をつくるタンパク質

　ヒトのからだの質量のうち，30～40％を骨格筋が占める．骨格筋の約70％は水からできているが，残りの約30％のほとんどがタンパク質でできている．タンパク質は，細胞内ではさまざまなオルガネラ（細胞内器官），細胞骨格，酵素などの材料となり，細胞外では細胞外基質（コラーゲン，エラスチンなど）の材料となる．骨格筋は運動のために高度に特殊化した器官であり，細胞体積のうち約80％以上を，アクチン，ミオシンなどのタンパク質からつくられる「収縮装置」が占めるという特徴がある．タンパク質は20種類のアミノ酸が鎖状にペプ

チド結合をしたもの（ポリペプチド）である．筋のタンパク質をつくるアミノ酸の約35％を，ロイシン，イソロイシン，バリンが占める．これらは，枝分かれをした分子構造をもっているので，分岐鎖アミノ酸（Branched Chain Amino Acid：BCAA）と総称され，必須アミノ酸（体内で新たに合成することのできないアミノ酸）に含まれる．筋肉をコンクリートの建造物にたとえると，アミノ酸，とくにBCAAは，その主要材料であるコンクリートに相当することになる．

b．タンパク質の合成と分解：窒素バランス

　からだを構成するタンパク質は，常に分解され合成されている．分解に関わる化学反応系を異化過程（タンパク分解），合成に関わる化学反応系を同化過程（タンパク合成），両者を合わせてタンパク質代謝と呼ぶ．筋肉をつくるタンパク質も絶えず古いものと新しいものが入れ替わっていて，この「入れ替わり」の速さを代謝回転率と呼ぶ．代謝回転は，タンパク質をつねに新しくして，時間とともに劣化するのを防いでいる．したがって，栄養素としてタンパク質を摂取することは，からだを維持するために必須となる．

　異化過程では，タンパク質がアミノ酸に分解され，さらにアミノ酸が酸化されて最終的に二酸化炭素と水と窒素を生じる．窒素は主に尿素となって尿から排出される．食品として摂取したアミノ酸に含まれる窒素量と，排出された窒素量との差を，窒素バランスと呼ぶ．窒素バランスがゼロであれば，からだが現状維持されていることを示し，マイナスであれば，からだの分解が進んでいることを示す．したがって，筋肉づくりのためには，常に窒素バランスがプラスとなるように，多量のタンパク質を摂取することが必要である．

　筋肉は，からだをつくる諸器官の中でも代謝回転率の高い器官であり，マウスなどの小動物では約2週間，ヒトを含む大型動物でも約2ヵ月で，全タンパク質の約半分が入れ替わると考えられている．筋力トレーニングなどのはげしい運動刺激は，総じてタンパク質の合成と分解の両者を高めるように作用するが，食事の質や摂取タイミングを工夫するとともに，適切な休養をとることによって，タンパク分解を抑え，タンパク合成を高めてトレーニング効果を増強することも可能である．

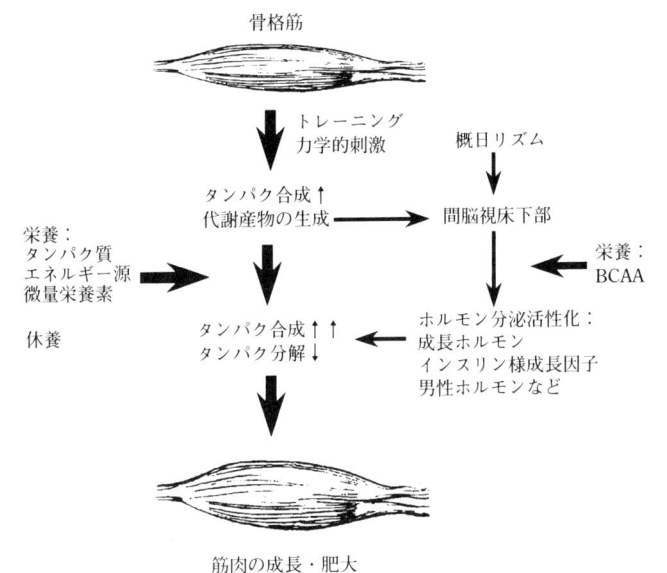

図9.2 筋肉づくりのために必要な要素

c. 筋肉づくりのために必要な要素

　運動やトレーニングによって効率よく筋肉をつくるためには，筋肉内のタンパク質代謝に関わるさまざまな要素を的確に刺激する必要がある．これらの要素のうち，現在までにわかっているもののいくつかを図9.2に示す．トレーニングによる強い力学的刺激そのものは，遺伝子に作用してタンパク質合成を高め，同時に収縮装置などに微小な損傷を引きおこし，タンパク質の分解をも高める．タンパク質の合成は，成長ホルモン，男性ホルモン，成長因子（とくにインスリン様成長因子）などによってさらに高められる．成長ホルモンはまた，タンパク分解を抑え，脂質分解を高めるとも考えられている．こうした過程を円滑にすすめるための要素として，栄養と休養が重要な要因となる．言うまでもなく，タンパク質は筋肉を構成する材料として必要となる．加えて，いくつかのアミノ酸は，タンパク質分解を抑えて窒素バランスを高めたり，成長ホルモンなどの材料となったり，これらのホルモンの分泌を活性化したりすることが知られている（後述）．

d. 1日に必要なタンパク質摂取量

　1日のタンパク質摂取量はどのくらいが適切であろうか．世界保健機構

(WHO) などで定めている「1日あたり推奨許容量 (Recommended Daily Allowance：RDA) では，純タンパク量として体重1kgあたり0.8〜0.9g (以後，0.8〜0.9g/kg/日と略す) となっている．これは，あくまでも窒素バランスをゼロ平衡に保つためと考えてよい．成長期にある場合，はげしいスポーツを行っている場合，積極的に筋肉づくりを行う場合などでは，これを上回る量を摂取する必要がある．厚生省では，スポーツ活動を行っている日本人の栄養所要量として，1.2〜1.4g/kg/日のタンパク質摂取を推奨している．とくに筋肉づくりを目指す場合には，さらにこれを上回る量が望ましいと考えられる．これまでに行われた多くの研究結果をまとめると，1.4〜2.4g/kg/日の間に，窒素バランスを最大にする量がある．平均すると約2g/kg/日となるので，この値が一般に筋肉づくりのための摂取量として推奨されているようである．ただし，この量も絶対的なものではなく，身体組成，年齢，運動の量などに応じて変化するものと考えるべきである．体重が大きくても体脂肪量が大きければ過剰摂取となる可能性がある．年齢とともに代謝回転率は低下するので，たとえば50歳では，20歳の場合の約75%でよいと考えられる．また，ラグビーやボート競技など，エネルギー消費のはげしいスポーツを行っている場合には，タンパク質のかなりの部分がエネルギー源として使われる (最大18%) ので，その分余剰のタンパク質摂取が必要となろう．一方，タンパク質の過剰摂取は，血中窒素量を高め，腎臓に負担をかけたり，痛風の原因となったりする可能性があることも考慮すべきである．

e．キーポイントとなる分岐鎖アミノ酸

上述の通り，BCAAは筋肉の材料となる主要な構成アミノ酸であるので，これらをつとめて摂取することは重要である．BCAAには，さらにタンパク分解を抑制し，窒素バランスを高める効果があるとされている．そのメカニズムの1つは，筋肉を構成するタンパク質の分解産物であるBCAAの細胞内濃度をあらかじめ高めておくことにより，タンパク質の分解過程が抑制される (最終生産物阻害) ことにあると考えられる．きわめて強度の高いトレーニングを行うと，その後に炎症反応が進行し，筋肉の分解，筋肉痛の発生とともに一時的な筋力低下がおこるが，こうした筋力低下を，BCAAを多量に含む食品を摂取することによって抑制することができる (図9.3)．また，タンパク質代謝そのものを調節

する因子としてはたらくことも示唆されていて，ロイシンはとくにその作用が強いようである．

さらに，消耗のはげしいスポーツでは，運動中に副腎皮質ホルモンの分泌によって筋肉のタンパク質が積極的に分解され，BCAAがエネルギー源として使われる．したがって，運動中に i) エネルギー源となる糖質が十分にあるようにすること，ii) 筋肉中のBCAA濃度を高めておくことによってタンパク分解を抑えること，の二点が重要である．このためには，運動前に糖質とタンパク質をあらかじめ十分に摂取しておくとよい．

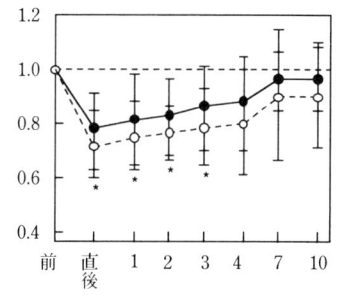

図9.3 高強度のトレーニング後におこる持続的疲労（筋力の低下）と，BCAA摂取の効果．
BCAAを多量に含む乳製品を継続的に摂取（1000 g/日以上）することにより，筋力低下が減じられ，その回復速度も高まる．[石井直方，(社) 日本牛乳普及協会研究報告書 (1996) より改変]

f. 筋肉づくりを助ける微量栄養素

タンパク合成にはエネルギーが必要である．したがって，i) エネルギー不足とならないように十分に摂取カロリーを高めること，ii) 糖質代謝・脂質代謝などのエネルギー代謝が円滑に行われるようにすること，の二点が重要となる．エネルギー代謝には，ビタミンや多価金属イオンなどが補酵素として働く．とくに，ビタミンB群（サイアミン（B_1），リボフラビン（B_2），ナイアシン（B_3），パントテン酸（B_5），ピリドキシン（B_6），シアノコバラミン（B_{12}）など）は，糖代謝やタンパク合成の重要な補酵素であるので，これらを十分に摂取する必要（RDAの1.5倍量程度）がある．

g. 筋肉づくりを助けるホルモン

筋肉づくりのためのトレーニングは，i) 大筋群のための，ii) 中～高い強度の，iii) 高い容量の，iv) 休息時間の短いトレーニングである必要がある（本書II編参照）．こうしたトレーニングは，筋肉の中に乳酸などの代謝産物を蓄積し，これが間脳にあるホルモンセンター（視床下部）を刺激して，成長ホルモンや性ホルモンの分泌を促すためと想像されている（図9.2, 9.4）．自然な状態での成長

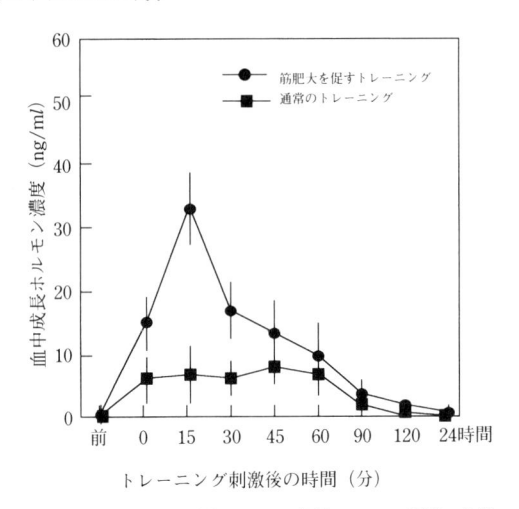

図9.4 トレーニング後におこる成長ホルモン分泌の急激な上昇.
　筋肉づくりに適したトレーニングを行うと，その15分後に成長ホルモンの血中濃度が，一過的に安静時の約300倍に達する．タンパク合成はおそらくこれより2時間ほど遅れて活性化される．(Takarada. et al.,: *J. Appl. Phisiol.*, 88: 61-65, 2000 より改変)

　ホルモンの分泌は成長期に最大になり，以後次第に減少して30歳では最低レベルに近くなると考えられているが，最近の研究では，トレーニング刺激によって高齢者でもその分泌が増進することが示されている．

　アルギニン，オルニチンなどのアミノ酸は，成長ホルモンの分泌を促進するとされている．また，アルギニンは，フォスファゲンであるクレアチンリン酸の原料にもなる．これらのことから，アルギニンを十分に摂取することも考慮すべきであろう．

h．適切な食事のタイミング

　トレーニング刺激の約15分後に成長ホルモンの分泌は最大値をとり，その値は安静時の約300倍にもなる（図9.4）．さらに，タンパク質の遺伝子発現（タンパク質合成の最も初期の過程）を調べたいくつかの研究から，トレーニングや運動にともなうタンパク合成の上昇は，トレーニング後2時間から72時間にかけて起こることが示唆されている．この間，筋肉の材料となるタンパク質や，エ

ネルギー源となる糖質，代謝を円滑にする微量栄養素が十分にある状態を保つ必要がある．とくに，一回の食事で消化・吸収されるタンパク質の上限は約 50 g とされているので，上述の必要量をまかなうためには，やはり 3 食プラスアルファに分けて，規則的に食事を行う必要があろう．

また，トレーニング直後の成長ホルモンの分泌を最大限に利用しようとすると，数時間の後にはじまるタンパク合成を視野に入れ，トレーニング後 1 時間くらいまでに高タンパク食を補給しておくとよいであろう．

若年期であれば，睡眠初期に一過的に成長ホルモンの分泌が増進することが知られている．したがって，睡眠 1 時間ほど前に高タンパク食を補給すると，睡眠時に筋肉づくりと脂肪分解がより進む可能性もある．ただし，脂質摂取が過ぎたり，エネルギー摂取量自体が過剰になると，体脂肪の蓄積も進むので，注意が必要である．

i．何を食べたらよいか

以上の結論として，筋肉づくりのためには，BCAA を含むタンパク質，エネルギー源としての糖質，代謝の潤滑剤であるビタミン B 群などを，適切なタイミングで，適量摂取する必要がある．これらすべてを満たす万能食品はないが，肉類，レバー，卵，牛乳や乳製品などが，概してこれらを豊富に含む商品といえる．「筋肉づくりには筋肉を食す」は，誤りではない．大豆などの植物タンパク質のみでは，BCAA やその他の必須アミノ酸が少ないので，動物性タンパクを補給する必要がある．食品 100 g あたりに含まれるタンパク質量の目安としては，肉類（赤身）で約 20 g，牛乳・乳製品で 5〜6 g 程度，卵 1 個で約 6 g 程度である．これら通常の食品から多量のタンパク質を摂取しようとすると，エネルギー摂取過剰となって体脂肪増加を引き起こす場合もある．そのような場合には，プロテイン粉末などの補助食品を活用する．市販の「食品分析表」などを利用して，タンパク質と総エネルギー摂取量を調節するとなおよいであろう．

〔石井直方〕

参 考 文 献

1) National Strength and Conditioning Association 編：石井直方総監修：ストレングストレーニング＆コンディショニング，ブックハウス HD，1999．

2) 石井直方：レジスタンストレーニング―その生理学と機能解剖学からトレーニング処方まで，ブックハウスHD，1999．
3) 杉浦克己：スポーツ選手の食事―筋肉づくりのための栄養・食事―．体育の科学，**45**：726-732，1996．

9.3 骨づくりのための食事

a．カルシウム摂取の重要性

　骨の成分のうち約10％は細胞成分で，残りの90％はミネラル（約65％）と基質（約25％）である．ミネラルはほとんどがカルシウムとリン酸からなるヒドロキシアパタイトと呼ばれる結晶でできており，マグネシウム，ナトリウム，カリウムなども含まれている．基質は，タンパク質であるコラーゲン線維やタンパク多糖類などでできている．このように骨にはたくさんの栄養素が必要であるが，最も重要なのはやはりカルシウムの摂取である．いくつかの疫学的な調査ではカルシウムの摂取量は骨塩量に大きな影響を与えないという否定的な見解もあったが，最近の詳細な分析を行った研究結果においてカルシウム摂取の重要性が再認識されるようになった．

　カルシウムは身体全体で約1kgあるが，このうちの99％が骨に存在し，残りの1％は骨以外にある．血液などの細胞外液にはカルシウムがある程度含まれているが（血液中には90 mg/dl程度），身体の細胞（たとえば筋細胞，神経細胞，赤血球など）の中にはその1万分の1程度の濃度しか含まれていない．この細胞内外のカルシウムの濃度差は細胞の活動に非常に重要な役割を果たしている．したがって，細胞内外のカルシウム濃度を一定に保つことは不可避であり，この濃度が保たれないと生命が維持できなくなる．そこで，血液の中に溶けているカルシウム濃度が低くなった場合，速やかに骨のカルシウムが溶け出して（骨吸収）これを補う仕組みができている．すなわち，血液中のカルシウム濃度が低下すると，副甲状腺から副甲状腺ホルモンが分泌され骨吸収を促進する．反対に血液中のカルシウム濃度が高くなった場合には，甲状腺からカルシトニンというホルモンが分泌され骨吸収が抑制される．このように，骨は体内のカルシウム貯蔵庫としての役割があり，カルシウム不足は骨の量の減少に直結している（図9.5）．

　わが国の厚生省が定めた1日あたりのカルシウム所要量は思春期・青年期で700～900 mg，成人期以降で600 mgである．ところが，栄養調査によって国民の栄養状態を調査すると，他の栄養素は満足しているのにカルシウムだけが所要

量に達しておらず550 mg程度である．しかも，前述したカルシウム所要量は成人で600 mgに定められているが，実はこの数字はかなり低く抑えられている．欧米諸国においてはカルシウム所要量を1000 mg以上に設定している国が多く，体の大きさの差を考慮しても日本の所要量は低くなっている．日本人の食生活から考えて，無理なく目標を達成できるように設定された値であるが，実際はもう少し多いカルシウム摂取量が望まれるのである．とくに妊娠期や授乳期にはたくさんのカルシウム摂取（所要量は900 mg〜1100 mg）が必要であるし，高齢者はカルシウムが身体から出て行きやすいため1000 mg以上の摂取が望まれる．また，スポーツ選手においても汗などからカルシウムが損失するので，とくに多くのカルシウム摂取が必要となる．1日2500 mgまでのカルシウム摂取であれば過剰摂取による害はないと考えられるため，ほとんどの人にとってカルシウム摂取量を増やすことは有益なことである．

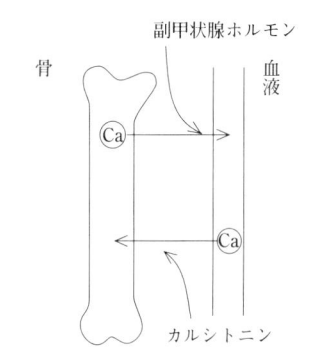

図9.5 骨と血液のカルシウム調節

カルシウム不足は骨を弱くするのみならず，他の生活習慣病の一因となることがある．これは体内でのカルシウムのバランスがくずれるためで高血圧，動脈硬化，心筋梗塞，脳血管障害，糖尿病などを起こす可能性がある．また，カルシウム不足は老人性痴呆の原因にもなると考えられている．この面からもカルシウム摂取は重要である．

b．カルシウム摂取の実際

成人が1日約600 mgのカルシウムを摂取したとすると，そのうち小腸から吸収されるカルシウムは約260 mgで，残りの約340 mgは吸収されない．吸収されたカルシウムは骨のリモデリング（4.骨を丈夫にするためのトレーニング参照）などに利用される．また，吸収されたカルシウムは1日あたり尿中から約130 mg，便から100 mg，汗から約30 mg程度体外に出されるため，この場合体内のカルシウム量は増減がなく，カルシウムバランスが保たれる．小腸でのカルシウム吸収量が260 mgより少なければ，体内のカルシウム量は減少していくと考えられる．

600 mg 食物から摂取して 260 mg 吸収する．これをカルシウムの吸収率というが，実は食品によってこのカルシウムの吸収率が異なる．小腸ではカルシウムをカルシウムイオンとして吸収するので，もともとイオンとして存在する食品やイオン化しやすいカルシウムをもつ食品では吸収率がよい．

また，カルシウムの吸収にはさまざまな要因が複雑に関与していることが知られている．たとえば，乳糖やビタミン D は吸収率を高めるが，リン酸，シュウ酸，ナトリウム，食物繊維などは吸収率を低くすることが知られている．したがって，カルシウムの摂取にあたっては食品に含まれるカルシウムの量とともに，どのような食材からどのような栄養素とともにカルシウムを摂取するのかを考慮する必要がある．

c．カルシウムの摂取を促進する栄養素
1) 乳　　糖

牛乳に含まれる乳糖は小腸のカルシウム吸収機能を活性化させ，カルシウムの吸収率を良くする．牛乳はもともとカルシウムを豊富に含むので（100 ml 中に約 100 mg），牛乳および乳製品は最も手軽で効率的なカルシウム源となる．ところが，欧米諸国に比べて日本の牛乳および乳製品の消費量はかなり少なく，この差がカルシウム摂取量の差になっていると考えられる（図 9.6）．

カルシウム摂取の面からは牛乳を積極的に摂取すべきであるが，牛乳を飲みすぎる（たとえば 500 ml 以上）と脂肪の摂取が過剰になる可能性がある．また，一

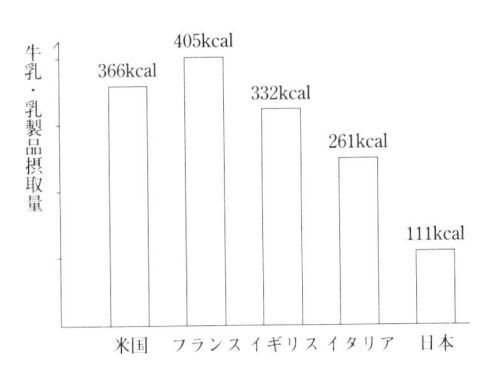

図 9.6　1 日当りの牛乳・乳製品摂取量の国際比較
　　　（四訂　日本食品成分表，1998 より）

方で乳糖が消化できずに下痢をおこす人もみられる．そのような場合にはスキムミルク，チーズ，ヨーグルトなどの乳製品を上手に摂取することが望ましい．

2） ビタミン D

血液中のカルシウムが不足すると副甲状腺ホルモンが分泌されるが，このホルモンが腎臓に働きかけると活性型ビタミン D がつくられる．活性型ビタミン D は小腸に働きかけてカルシウムの吸収率を上昇させることにより，体内のカルシウム不足を補おうとする．活性型ビタミン D はビタミン D として摂取される栄養素をもとにつくられるので，ビタミン D の摂取はとくに体内のカルシウムが不足しがちな場合に有効である．

ビタミン D には植物性食品に多く含まれるビタミン D_2 と動物性食品に含まれるビタミン D_3 がある．ビタミン D_2 はきのこ類に多く含まれており，ビタミン D_3 は魚・肉や鶏卵などに多く含まれている．

3） ビタミン K

ビタミン K は小腸でのカルシウム吸収率に直接関与してはいないが，骨形成を促進して骨吸収を抑制する働きがあるため，カルシウムとともに摂取するとよい栄養素としてここで取り上げた．もともとビタミン K には止血作用が知られていたが，このような骨に対する作用が明らかとなり，骨粗鬆症の治療薬としても注目されている．

ビタミン K は腸内細菌が合成したものを吸収することができるため，多くの摂取を必要としないと考えられてきたが，骨の強化から考えると積極的に摂取するとよい．ビタミン K_2 は納豆に多く含まれていて，納豆を多く摂取する地域では骨粗鬆症による大腿骨の骨折が少ないことが報告されている．豆類の他，ほうれん草やブロッコリーなどの緑黄野菜などにも含まれている．

4） タンパク質

カルシウムは腸管から吸収されるときカルシウム結合タンパク質と結合してから吸収される．したがって，カルシウムの吸収にはタンパク質が必要である．タンパク質は何種類かのアミノ酸から構成されているのであるが，リジンというアミノ酸がとくにカルシウムの吸収を助けている．リジンは乳製品，魚・肉，鶏卵，大豆製品に多く含まれている．一方，含硫アミノ酸と呼ばれるアミノ酸にはカルシウムの尿への排泄を促進する作用があり，これを含むタンパク質を過剰摂取すると体内のカルシウムが減少する可能性がある．含硫アミノ酸は鶏卵や魚・

肉に多く含まれているため，結局カルシウム摂取に勧められるタンパク源は乳製品，大豆製品ということになる．

d．カルシウムの摂取を妨げる栄養素
1）リ ン 酸
リン酸はカルシウムと結合しやすい物質で，カルシウムとともにリン酸を過剰に摂取すると，腸内でリン酸カルシウムとなり体内に吸収されなくなる．したがって，たくさんカルシウムを摂取したとしてもリン酸カルシウムとして便中に排泄されてしまう．

食品中のカルシウムとリン酸のバランスが問題で，その比率は1対1が望ましく，リン酸が多くても1対2までに抑えないとカルシウムの吸収が悪くなる．インスタント食品や加工食品，および一部の清涼飲料水にはリン酸が多量に含まれているので，注意が必要である．

2）シュウ酸，フィチン酸
ほうれん草やパセリに含まれているシュウ酸および穀類に含まれているフィチン酸もカルシウムと結合しやすい酸で，カルシウムの体内への吸収を妨げる．普通に摂取しているぐらいでは問題ないが，過剰摂取は控えたほうがよい．

3）ナトリウム
ナトリウムというと高血圧との関連がよく知られているが，ナトリウムの摂取過剰は体内のカルシウム量を減らすことも指摘されている．ナトリウムはカルシウムをともなって排泄されるからである．したがって，ナトリウムを過剰摂取するとナトリウムの排泄量が増えて，カルシウムの排泄量も増してしまう．ナトリウムの摂取量は塩分として1日10g以下が望ましいとされているが，現在の日本人の平均値は12g程度であり，これ以上減る傾向はみられていない．また，塩分摂取量はかなり減らしても問題はないことが知られており，総合的に考えて減塩は望ましい．

4）アルコール
アルコールは腸でのカルシウム吸収を悪くするとともに，尿からカルシウムを排泄する量を増やす．したがって，アルコールの飲み過ぎは骨に対して危険であり，骨粗鬆症になりやすいと言われている．アルコールの量に換算して，1日30gまで（ビール1本程度）に抑えるのが望ましい．

5） カフェイン

コーヒーやお茶に含まれるカフェインは尿の量を多くするが，このときにカルシウムもいっしょに尿中に出してしまう傾向がある．したがって，カフェインの過剰摂取は骨にはよくない．コーヒーなどは一日3杯以内におさえて，できればミルクを加えてカルシウムを補給するとよい．

6） 食物繊維

穀物の繊維や海草類に含まれる食物繊維は健康によいと考えられているが，腸でのカルシウムの吸収を妨げてしまう．これは，食物の腸を通過する時間を短くする作用のためである．しかし，食物繊維摂取は他のいろいろな生活習慣病予防や便秘に効果的であることが知られている．したがって，無理に食物繊維を制限することはせず，その分カルシウム摂取量を増加させるように考えるべきであろう．

〔梅村義久〕

参考文献

1) 清野佳紀：骨を鍛えるために，金原出版，1998．
2) 森井浩世：やさしい骨粗鬆症の自己管理，医薬ジャーナル社，1999．
3) 藤田拓男：更年期からの女性に多い骨粗鬆症，主婦の友社，1995．

9.4 スタミナづくりのための食事

a. スタミナとは

スタミナという言葉は，明治時代に入ってきた英語のstaminaをカタカナ表記したものであり，その語源はラテン語の「stamen（糸）」にあるという[10]．スポーツや仕事の場面などでこの言葉を良く耳にするが，その意味は場面や人によってさまざまである．英英辞書によると，staminaとは「身体的あるいは精神的ストレス状態に耐え抜く能力」とか，「疲労耐性，持久力，パワーの持続」のことであり，また，日本語辞書（広辞苑）にも，「根気，精力，持久力，忍耐力」のことであると記されており，いろいろな意味で使われていることがうかがえる．

一方，スポーツの場面では，スタミナとは一般に「スポーツ活動（運動）を持続する能力」のことを意味しており，体力要素としての「持久力」と同義に使われることが多い．ただし，「持久力」という言葉は，局所的な筋肉での持久力を

意味する筋持久力と,全身の大筋群による全身持久力とに区別されたり,また,無酸素的にエネルギーが供給されるような場面での持久力と,有酸素的にエネルギーが供給される場面での持久力,というように使い分けられることもある.しかし,通常,持久力といった場合には,有酸素的なエネルギー供給状態での長時間に及ぶ「全身持久力」を意味することが多いため,ここではそのための食事という観点から考えることとする.

b. 長時間運動の特徴

運動を長時間にわたって継続する際の強度は,換気閾値あるいは乳酸閾値よりも低いレベルに抑えられる.この閾値に関する研究はこれまで数多くなされており,それらの平均値は,一般人で最大酸素摂取量のおよそ50%,そして,持久的種目を専門としている選手でおよそ70%であり[16],世界で活躍するような選手ではさらに高いとの報告もみられる.

このような強度での長時間運動の場合,疲労物質である乳酸の蓄積はみられないが,消費するエネルギー量が運動時間にともなって大きくなるという特徴がある.たとえば,2時間30分でゴールするようなマラソン・レースでは,体重60 kgの選手でおよそ2300 kcalのエネルギーを消費するといわれている[7].また,4時間30分を要した150 km自転車ロード・レースでは,平均的におよそ3700 kcalのエネルギーが消費されたとの報告もみられる[1].

これらのエネルギー消費に対応するために,われわれは生体内にエネルギー源として糖質,脂肪およびタンパク質を蓄えている.しかし,糖質はわずか400 g弱(1500 kcal程度分)しか貯蔵されておらず,他の2大栄養素と比べて量的にみてきわめて少ないという点で問題である.しかも,中枢神経系をはじめとして生体の機能を維持するためには,貯蔵されている糖質を極端に減らさないことが必要である.疲労困憊に至るような状況では,筋グリコーゲンの枯渇や,肝グリコーゲンの枯渇とそれにともなう低血糖症が出現したとの報告もみられ,したがって,このような事態を回避するためには,貯蔵脂肪の利用を促進し,糖質を節約(スペアリング)することが重要となってくる.

一方,日本人の一般成人男性および女性の体脂肪率は,それぞれおよそ15%および25%である.それゆえ,体重60 kgの男性および女性では,9 kgおよび15 kgの脂肪,つまり,生体内での脂肪1 gあたりのエネルギー価を7 kcalとし

表9.3 一般人における運動中のタンパク異化[5]

運動様式	運動強度($\%\dot{V}_{O_2max}$)	運動時間(時間)	栄養状態	タンパク異化 率(g/h)	タンパク異化 総計(g)	エネルギー消費に含める割合(%)
自転車	61	1	CHO(L)[b]	6	6	4.4
		1	CHO(D)[b]	14	14	10.4
トレッドミル走	50	3.75	食後	8[c]	31[c]	10
トレッドミル走	50	2	絶食	7[c]	14[c]	10
自転車	30	1.75	絶食	7[c]	12[c]	10

a タンパク異化=運動中に余分に分解したタンパク質
b CHO(L)=高糖質食;CHO(D)=低糖質食
c 体重70 kg として計算

て計算しても,それぞれにおいて,実におよそ 60000 kcal および 100000 kcal のエネルギー源を貯蔵していることになる.この点で,脂肪は長時間運動時のエネルギー源として重要であるといえる.

また,3大栄養素のなかで最も多く貯蔵されているタンパク質(アミノ酸)も,場合によっては筋活動時のエネルギー源となり,長時間運動では,これからのエネルギー供給は,全エネルギー消費量のうちの5~10%を占めるといわれている(表9.3)[5].なかでも,分岐鎖アミノ酸(BCAA)は他のアミノ酸と違って,直接,骨格筋内で分岐鎖アミノ酸トランスアミナーゼによって分解され,エネルギー源として利用されることから,最近とくに注目されるようになってきた.一方で,このことにともない,長時間運動時には血中の分岐鎖アミノ酸濃度が減少し,アミノ酸の一種である遊離トリプトファンとの比率(遊離トリプトファン/分岐鎖アミノ酸)が上昇して,血液脳関門において,脳内へのトリプトファンの取り込みが亢進する.そして,その結果,脳内でのセロトニン生成が亢進し,中枢性疲労を引きおこす,との仮説も示されている[4].

さらに,長時間運動では,発汗によって多量の水分とともにある種の電解質(Na,Cl,Ca など)も失われる.その結果,体内の電解質濃度にアンバランスが生じることも考えられ,また,極端に長い時間に及ぶような運動では,低 Na 血症が生じたとの報告もみられる[11].そして,水分損失およびこれら電解質における不均衡もまた,長時間運動を制限する因子として作用することになる.

一方,陸上競技の長距離種目などを専門とする競技者では,男性および女性のそれぞれおよそ10%および25%に鉄欠乏状態が認められるという.このいわゆ

る「スポーツ性貧血」の原因として，着地などにともなう強い衝撃（機械的刺激）による血球破壊や，化学的溶血，運動にともなう発汗による鉄喪失，鉄吸収の減少および食事からの鉄供給の低さなどが考えられている[14]．とくに，女性では定期的な出血（月経）をともなうことから，貧血に陥る危険性は男性よりも高いことを理解すべきである．

また，最近になって，運動時の酸素消費量の増大にともなって活性酸素が生成され，これが脂質の過酸化，タンパク質の変性，DNAの損傷などのさまざまな有害作用を引きおこす原因になっている可能性が注目されるようになってきた．しかし，生体内には，この影響を極力少なくするための抗酸化酵素や抗酸化剤による防御機構が備わっている．なかでも，ビタミンCおよびEは抗酸化剤として重要な役割を担っており，それゆえ，運動中にはこれらのビタミンやエネルギー代謝に関わるビタミンB類の消費量が亢進するといわれている[12]．

c．持久的競技者の食事

それでは，長距離種目を専門とするような競技選手の場合，トレーニング中にどのような食事を実際に摂っているのであろうか．摂取カロリー量は体格の大小によって影響されるものの，まずその多さが特徴的である．表9.4に各種スポーツ選手におけるエネルギー消費量を示した[15]．体格がそれほど大きくない陸上の長距離・マラソン選手および自転車ロード選手で，一日におよそ4000～4500 kcalを消費しており，この値は体格的に優れている陸上の投てき選手，ラグビー選手，水泳選手などと同様である．当然のことながら，ある強度でのトレーニングを長時間にわたって続けることに起因しているといえよう．

また，3大栄養素の比率からみると，筋力・パワー系種目の競技者と比べて，持久的競技者では，糖質（炭水化物）の摂取（摂取カロリー量のおよそ50%）が多く，タンパク質（およそ15%）や脂肪（およそ35%）の摂取が少ない傾向にある[5]．さらに，ビタミンやミネラルについても，総カロリー摂取量が多いことと関連して，また，運動によって失われた分を補給する意味もあって，一般人に対して推奨されている量よりも多めに摂取している傾向にある[13]．

表 9.4 トレーニング期におけるエネルギー消費量別スポーツ種目[15]

消費熱量 (kcal)	スポーツ種目
2500 〜 3000	体操，卓球，バドミントン，水泳飛込み，フェンシング，アーチェリー，スキージャンプ，ヨット，馬術，射撃
3000 〜 3500	陸上（短・中距離走，跳躍），野球，テニス，バレーボール，ボクシング（軽・中量級）
3500 〜 4000	サッカー，ホッケー，バスケットボール，陸上（長距離），剣道
4000 〜 4500	陸上（マラソン，投てき），水泳，ラグビー，アメリカンフットボール，自転車ロード，レスリング（軽量級），ボクシング（重量級）
4500 〜 5000	ボート，スキー，レスリング（中・重量級），柔道（重量級），相撲

(注) 女子選手の消費熱量はおおよそ 2400〜3500 kcal の範囲にある．

d． スタミナづくりのための食事

1） トレーニング期

　減量プログラムを実施しているのでなければ，まず運動量に見合うだけのエネルギーを十分に摂取することが重要である．長時間運動時のエネルギー消費量は運動強度と時間によって影響されるが，一定強度での運動であれば，時間に比例して大きくなることを理解しなければならない．また，食事に占めるタンパク質，脂肪および糖質の比率についても考慮し，一般にはそれぞれをおよそ 15％，35％ および 50％ 程度となるようにするのが望ましい．ただし，長時間運動時には筋タンパクの分解がおこること，さらには，分岐鎖アミノ酸をはじめとしてタンパク質がエネルギー源となる可能性もあることから，タンパク質も不足しないように摂取（1.0 g/kg/日以上，とくにトレーニング開始期には多く）すべきである[13]．

　そして，運動にともなってビタミン B 群，C および E の消費量が亢進したり，また，発汗にともなって水溶性ビタミンが失われること，さらには，Ca は一般

の日本人でも唯一摂取基準を満たしていないこと，発汗にともなってある種の電解質が失われることなどを考慮すると，水分と同時に，鉄を含めてミネラルやビタミンを多少多めに摂取するような意識を持つことが必要であろう．

とにかく，この時期はスタミナと関連する体力づくりが主体であることから，バランスの良い食事を正しく摂取することが基本である．もし，減量を目的としていないのに体重が減少するようであれば，それはトレーニング量に対してエネルギー量が不足している証拠である．このような場合には，トレーニングの量を減らすか，食事の量を増やすように心掛けなければならない．そのことを知るためには，毎日決まった時間（起床して排尿後）に体重を計測しチェックすることが望ましい．

2） 大会・試合参加時

i） 直前および最中　食事内容（糖質に富む食事）が運動持続時間と密接に関連することは，すでに1930年代の後半に明らかにされている（図9.7）[2]．その後，疲労困憊に至るような運動後に高糖質食を摂取すると，筋グリコーゲン量がより増えることも知られるようになった[3]．このように，運動によって一時的に筋グリコーゲン量を減少させた後，高糖質食を摂取することによって筋グリコーゲン量を増加させようとする試みを，グリコーゲン・ローディングという．さらにその後，筋グリコーゲン量を高める方法として，試合やレースの1週間ほど前に，激しい運動により筋グリコーゲンを一旦枯渇させ，その後2～3日間低糖質食を摂取させた後，3～4日間高糖質食を摂取させることで，筋グリコーゲ

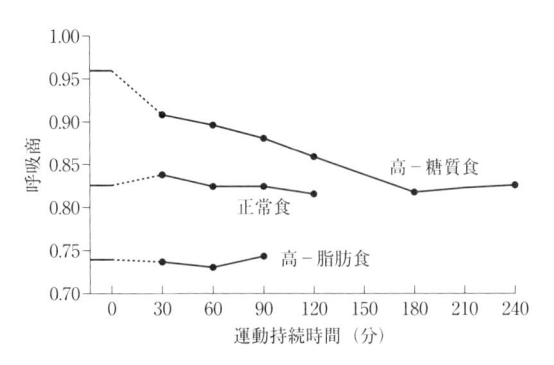

図9.7　運動時間および呼吸商に及ぼす食事の影響[2]

ン量がさらに上昇することが明らにされた（図9.8）[8]．

ただし，この方法の場合には好ましくない影響もあることが指摘されている[6]．そのひとつは，低糖質食摂取中に十分なカロリー摂取ができずに体重が減少すること，ならびに，低血糖症およびケトージス（ケトン体の過剰生成）を引きおこすかもしれないことである．さらに，高糖質食によりグリコーゲンが筋中に多く貯蔵されるものの，同時に水分も貯蔵されることから，体重の増加とともに脚の強直感などが感じられるかもしれない．それゆえ，これらの問題を避けるために，低糖質食期を通常の混合食とトレーニングに置き換えること，および高糖質食の摂取は試合やレースの48時間以内とすべきであることが奨められている[6]．

また，長時間運動中には発汗によりかなりの水分が失われる．脱水はパフォーマンスを低下させるのみならず，循環不全や高体温による中枢への悪影響などにより，場合によっては重篤な後遺症をもたらしたり死に至ることにもつながりかねない．したがって，とくに高温多湿環境下で運動を行う場合には，運動を実施する前から水分摂取を行い，運動中は糖質や電解質を含む溶液（スポーツドリンクなど）を積極的に補給することが必要である．さらに，運動時間が3時間を越えて長くなるような場合には，空腹感（ハンガーロック）が運動の中断を引きおこすともいわれており，それゆえ，このような状況下では果物（たとえば，バナナやミカン）や菓子パンなどの固形物を多少補給することも考えなくてはならな

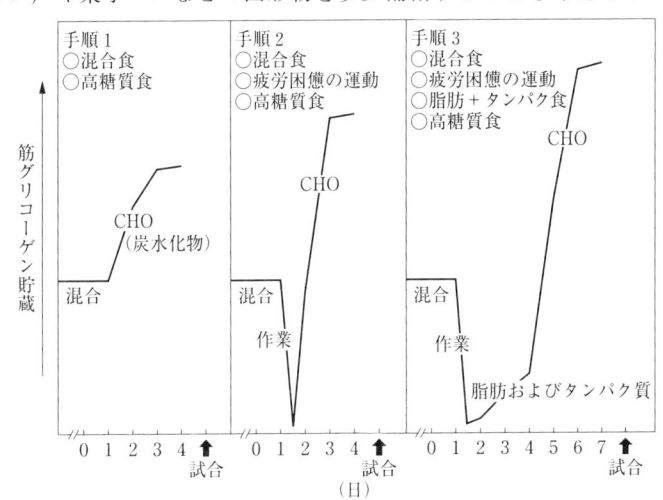

図9.8 筋グリコーゲン・ローディング法のまとめ（文献[8]より引用）

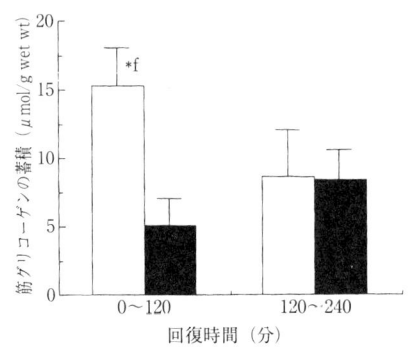

図 9.9 運動終了直後に摂取した場合（□）と運動終了 2 時間後に摂取した場合（■）における筋グリコーゲン蓄積の比較
＊f は，0～120 分および 120～240 分の■と有意であることを示す．（文献[9]より引用）

ii）**終了後** 運動終了後には，運動によって枯渇した筋および肝グリコーゲンを再補充しなければならない．また，筋タンパクの分解が亢進している可能性も考えられることから，タンパク質の補充も心掛けた方がよい．なお，筋・肝グリコーゲンの再補充には，運動終了後できるだけ早めに糖質を摂取した方が効果的であるとの報告もなされており（図 9.9）[9]，それゆえ，食事までに時間があるような場合には，市販されている糖質液やタンパク質を含む栄養補助剤を利用することも必要となってくる．そして，食事では，さらに失われた電解質やその他の栄養素を補給するために，十分な糖質とカロリーを含むバランスの取れた食事を摂取するように努めることである．

〔村岡 功〕

参 考 文 献

1) 青木純一郎他：自転車競技選手の体力（7）およびロードレースの直前食（2），昭和 60 年度日本体育協会スポーツ医・科学研究報告書：313-330，1986．
2) Astrand, P. -O. and Rodahl, K.；朝比奈一男監訳，浅野勝己訳：オストランド運動生理学，p. 343-370，大修館書店，1976．
3) Bergstrom, J. and Hultman E.: Muscle glycogen synthesis after exercise.: an enhancing factor localized to the muscle cells in man. *Nature*, **210**: 309-310, 1966.
4) Blomstrand, E., et al.: Changes in plasma concentration of aromatic and branched-chain amino acids during sustained exercise in man and their possible role in fatigue. *Acta Physiol. Scand.*, **133**: 115-121, 1988
5) Brotherhood, J. R.: Nutrition and sports performance. *Sports Med.*, **1**: 350-389, 1984
6) Costill, D. L. and Miller, J. M.: Nutrition for endurance sport: carbohydrate and fluid balance. *Int. J. Sports Med.*, **1**: 2-14, 1980
7) Daniels, J., et al.: Aerobic responses of female distance runner to submaximal and maximal exercise. *Ann. N. Y. Acad. Sci.*, **301**: 726-733, 1977
8) Fox, E. L.；朝比奈一男監訳，渡部和彦訳：選手とコーチのためのスポーツ生理学，p. 239-275，大修館書店，1982．
9) Ivy, J. L., et al.: Muscle glycogen synthesis after exercise.: effect of time of carbohydrate ingestion. *J. Appl. Physiol.*, **64**:1480-1485, 1988
10) 松井秀治：スタミナの概念（松井秀治編著：スポーツとスタミナ，講座現代のスポーツ科学，6

p. 1-15),大修館書店,1978.
11) Maughan, R.: Carbohydrate-electrolyte solutions during prolonged exercise. In Perspectives in Exercise Science and Sports Medicine, vol. 4, Lamb, D. R. and Williams, M. H. eds, Brown & Benchmark, USA, 1991, p. 35-76
12) 村岡 功,青木純一郎:ビタミンの摂取と運動.*J. J. Sports Sci.* **5**;186-191,1986.
13) 村岡 功:競技パフォーマンスに及ぼす栄養の影響.臨床スポーツ医学,**5**:222-228,1988.
14) 村岡 功:運動と内分泌(石河利寛,杉山正輝,共編著:運動生理学, p. 183-218),建帛社,1994.
15) 長嶺晋吉:スポーツマンのエネルギー消費量と所要量(長嶺晋吉編著:スポーツとエネルギー・栄養,講座現代のスポーツ科学 2, p. 111-120),大修館書店,1979.
16) 中村好男:一般健常人と持久競技選手における換気閾値,乳酸閾値,OBLA の標準値について.トレーニング科学,**4** (1):23-30,1992.

9.5 疲労回復のための食事

トレーニングを行う場合,疲労やストレスを受身ではなく積極的に受け止め,その刺激で栄養の吸収力を高めることが大切である.クーリングダウンのストレッチングやスポーツマッサージ以外に,食事や飲料のとりかたで疲労回復する方法も身につけておくと役立つ.

スポーツ栄養学の立場から疲労を分類すれば,表 9.5 に示すように全身的な疲労,局所的な疲労,精神的な疲労の 3 種類に分けられる.体内のグリコーゲン貯蔵量低下や心理的疲労増大など,その原因次第で,栄養面で補給すべきものも摂取タイミングや摂取方法も異なってくることは言うまでもない.

ケガや故障を予防し,トレーニング効果を高めるためには,筋活動による乳酸の増加から始まる「筋疲労と回復」のメカニズムおよびその過程における高糖質(炭水化物)食の重要性(図 9.10),中枢性(脳や神経系)の疲労とその回復,などの生理学的知識が必要である.また,「オーバートレーニング」を予防するための「疲労感」「だるさ」といった自覚症状の把握と対策の実施など,運動生

表 9.5 疲労を防ぐスポーツ栄養の知識(1998,殖田)

1. 全身的な疲労 →エネルギー代謝回復
→→休息・睡眠および糖質+ビタミン B_1 の量　競技中なら果糖入り飲料,食事時なら麺類で回復
2. 局所的な疲労 →筋グリコーゲン代謝回復
→→ストレッチング・マッサージおよび糖+クエン酸+カリウムなどの補給　かんきつ類およびその果汁で回復を早める
3. 精神的な疲労 →気力回復
→→気分転換・ストレス解消および糖+カルシウム補給・「好物」の摂取　雑談とデザートで発散,乳製品やココア

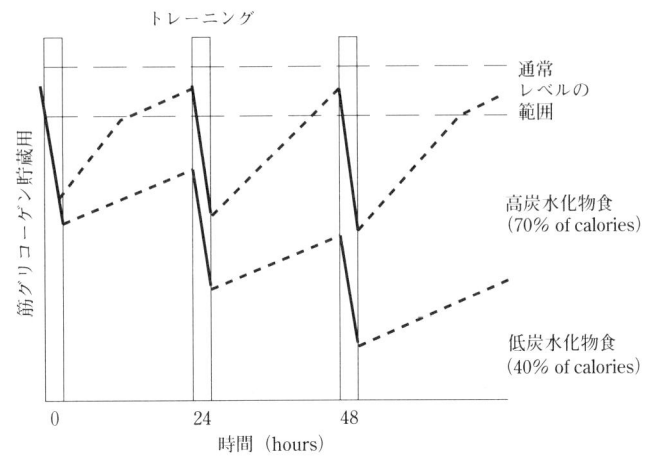

図9.10 筋グリコーゲンの再充填（Costill, Miller, 1980より一部改変）

理学・生化学からスポーツ栄養学へ波及する最近のアプローチについても，参考文献や資料で理解しておくべきであろう．こうした知識をベースとし，実践的テクニックをまとめると，以下のようになる．

a. 一過性の疲労と回復のための食べかた
1） 全身ぐったり疲れたとき

　ぐったり疲れている，あるいは一歩も動けないというときは，体内の貯蔵グリコーゲンを使い果たし，血糖値も低下している状態である．消耗後，できるだけ早い時間で糖質と水分の補給を行うことで，グリコーゲンは急速に回復することが知られている．競技中なら果糖入りドリンクやバナナ，食事では雑炊やめん類が手軽で吸収も早い．また，長時間トレーニングを行う場合には，前日までに十分に糖質を補給しておくことに加えて，エネルギー代謝の補酵素として重要な働きをするビタミンB群（図9.11）も補給して，糖質代謝を円滑に行える準備を万全にしておくとよい．

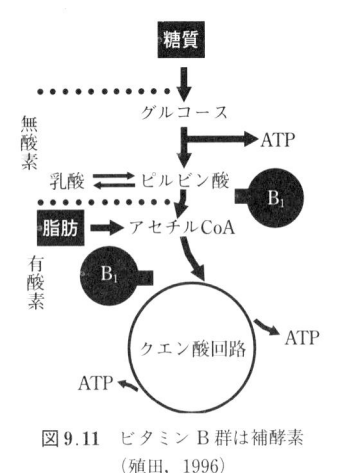

図9.11　ビタミンB群は補酵素（殖田，1996）

2) 特定の筋肉が疲れたとき

トレーニングで一度筋肉が壊され，材料補給して休養することで作り直される——このくり返しで体づくりはなされる．この過程で全身グリコーゲン回復の手法のほか，運動生理学的にはみかんやオレンジなどクエン酸と果糖を含んだ果物の摂取，さらに物理的なスポーツマッサージが効果大である（表9.5）．また，近年，筋力トレーニングの最後に筋グリコーゲン枯渇時のエネルギー源不足に備えて，分岐鎖アミノ酸（ロイシン・イソロイシン・バリン）を摂取する方法も使われ始めた．分岐鎖アミノ酸は，脳の疲労感を軽減する役割があることが知られている．

3) 精神的に疲れたとき

心理的疲労が主体であれば，リラックスや気分転換が一番望ましい対応策である．本人の趣味が映画やビデオ，CDやパソコンなどであればそれがよいし，ショッピングや観光（遊園地など），外食（食事・喫茶とも）がよい場合もある．とくにそういうものがなければチームメート，友人や家族との団欒が効果的な場合が多い．その際，テーブルにデザートなど心休まるものがあればなおよい．寝つけないときはイライラを静めるカルシウムを使うとよい．寒い季節ならホットミルクやココア，夏場はヨーグルトなど，乳製品が適している．ただし，夜中にとる場合は，いずれも低脂肪のものを用いるのが常識である．

b. 疲労が抜けない原因と栄養のとりかた

1) よく風邪をひくとき

疲労感の強いとき，体力が消耗しているときに，風邪をひきやすいものである．ストレスに対抗するビタミンとして知られているのはビタミンCである．ビタミンCの大量投与によってウイルスへの抵抗力もつく．このため粘膜を守るビタミンA・血行をよくするビタミンEなどとともに風邪対策として有名である．だが，ビタミンCは酸性が強いため，胃潰瘍のように胃酸過多のときに単独で大量にとるのは考えものである．ストレスで胃がキリキリ痛むようなときには，医者と相談のうえ，むしろ空腹時に酸味の強いものや刺激物を避け，胃壁を保護するようなやわらかく水分の多い食事を少量とるべきである．

2) 息切れやスタミナ切れのとき

持久的トレーニングを行っているときに疲労感が強く残る場合，運動性貧血で

を疑って検査することが大切である．貧血の場合，ヘモグロビンの酸素運搬能力が低下するため，有酸素能力は低下する．持久走のタイムも落ちるし，自覚的な兆候も「強い疲労感」「だるさ」「息切れ」となる．

トレーニングに疲労はつきものであるし，オーバーロードの原則通り，疲れないくらいではトレーニング効果は望めないものであるが，いつもと違って疲労感が抜けないときや，持久走のタイムが異常に低下したときなどは，血液検査を行うように心がけたい．検査項目としては，運動性貧血が考えられる種目や選手の場合には，通常の健康診断同様の項目に加えて，多少分析期間や費用がかかるが，定期的にフェリチン検査も行っておくと，貯蔵鉄の減少程度がチェックできる．

貧血の予防や対策として必要なことは，食事からとれるエネルギー量を大幅に越えた猛練習を続けないことと，1日2回以上「鉄とタンパク質とビタミンC」がそろって多く含まれる食事をとることである．鉄とタンパク質はヘモグロビンの材料であるし，ビタミンCは鉄の吸収率を高める役割をする．具体的な食事例としては，レバニラいためやほうれんそうの卵とじなどがあげられよう．

3） どうしても疲れが抜けないとき

原因は不明だが，疲労感が強く何をするにも気力がわかないという状態の場合，選手ならオーバートレーニング，一般の人ならストレスによる心理的疲労であることが多い．状況を判断し，原因と考えられるストレスを取り除くことが第一であり，専門家のカウンセリングを受けることがすすめられる．成人なら居酒屋での発散，喫茶店での雑談や競技以外のゲームも有効である場合が多い．

食事面でよく見うけられるのは，体重調整のストレスが原因で心理的に疲弊してしまい，他人に見られない状況や夜中に過食に走ったり，逆に拒食となって，不健康なほど痩せてしまうケースである．思春期の女子や体脂肪率を極端に制限する陸上競技の長距離走や新体操，水泳などの選手にも少なくない．こうしたケースでは食事制限も含め体格にかかわる制限事項を一度撤廃して，精神的に追い詰められた状態から回復させることが優先される．

〔殖田友子〕

参 考 文 献

1) 殖田友子編著：スポーツ栄養ガイド 1 to 4 第三版，ミューズ，1998.
2) 殖田友子編著：スポーツ栄養ガイド 5 to 8，ミューズ，1998.

3) 殖田友子：スポーツ栄養学，健康・体力づくり事業財団，1996.
4) 殖田友子編著：健康・スポーツの栄養学，第二版　建帛社，2000.

9.6　肥満解消のための食事

　肥満は，体脂肪のつき過ぎと定義することができる．トレーニング面では，体脂肪を燃焼させて減少させ，かつ体脂肪のつきにくい体質（基礎代謝の高い状態）をつくることが重要であるが，食事面では，脂質および過度のエネルギー摂取を避けることが求められる．しかし，現状では，栄養的あるいは生理的に見て問題のある食事の仕方が少なからず見られる．

a．肥満解消の食事の考え方
1）女子学生のダイエット

　女子学生の間では，さまざまなダイエット法が流行している．たとえば減食・断食や，果物，ゆで卵，炭水化物，プロテイン，低カロリー代用食，ダイエットフーズを使ったものなどがあるが，食事内容を十分に吟味した減食あるいは医師の指導の下による減食以外は，体調を崩し，場合によっては死に至る危険性があるので，安易に実行しない方がよい．特定の食品だけを食べるタイプのダイエット法は，摂取エネルギーを抑えて栄養失調に陥らせることにより減量を可能とする．必要な栄養素のうち，とくにタンパク質，ミネラル，ビタミンの不足により，体力・体調ともに低下を招くので注意を要する．

2）女子選手の運動性無月経

　食事制限をしつつ，ハードなトレーニングを続けている女子選手には，月経異常や運動性無月経が見られる．体重の軽い方が有利と考えられている陸上競技の長距離走，審美的要素の強い競技である器械体操，新体操，水泳の飛込の選手にこの傾向が強い．女性にとっての体脂肪は，女性ホルモンなどの材料としても重要なものであるため，体脂肪量が減少してくると，女性として妊娠・出産を正常に行える状態ではないと身体が判断し，月経が止まってしまう．さらに，女性ホルモンの分泌バランスが崩れると，骨へのカルシウムの吸収なども円滑に行われず，スポーツ障害や骨粗鬆症の原因をつくるので，注意しなければならない．また，このホルモンバランスの崩れにより，メンタル面にも悪影響が及び，摂食障害の原因ともなることがある．女子選手がやせ願望を強くもつのは危険なことと

表 9.6　急激な減量が体重・筋グリコーゲン量・等速性筋力に及ぼす影響

	体重 (kg)	筋グリコーゲン量 (mmol/kg dm−1)	膝伸展ピークトルク (Nm)		
			遅い速度	中間速度	速い速度
減量前	73.9	271	195	145	115
減量開始4日後 (計量時)	68.9	147	170	135	100
試合開始時 (計量3時間後)	71.4	168	165	135	105

(Houston et al., 1981)

言えよう．

3）階級性競技選手の急速減量

　体重制限は，柔道・空手・レスリング・ボクシングなどの格闘技につきまとう問題である．減量はつらいものというイメージがあるので，試合直前の短期間ですまそうとし，食事制限や絶食，脱水による減量を行う選手が少なくない．しかし，このような減量法では，減量前に比べて体力の低下が著しい．

　表9.6のように，短期間の減量では筋肉のエネルギー源であるグリコーゲン量が低下し，試合当日の計量後に食事をしてもすぐには回復しない．また，筋力も低下してしまうので，試合にとってはマイナスである．この原因としては，減量期間中に栄養摂取を制限するため，グリコーゲンのもとになる糖質が獲得できないこと，そしてグリコーゲンが不足しているのにトレーニングを行うので，筋タンパク質を分解してエネルギーを生産する結果，筋肉量が減ることが考えられる．さらに脱水による体調悪化，鉄不足による貧血も起こり得るので，良いことは一つもない．

b．栄養素の考え方

1）カットすべきはエネルギーと脂質

　摂取エネルギーを低下させるには，全体の食事量を減らすことが第一である．減らす量はトレーニングによる消費量との兼ね合いで決めるべきであるが，通常の食事量の90％程度にとどめれば，おおよそ一般男性で250 kcal，一般女性で200 kcalを減ずることができる．エネルギーとなる栄養素は，3大栄養素である糖質，脂質，タンパク質である．体脂肪の合成を抑えるには，脂肪と油を含む脂質を控えることが重要である．それには，①脂肪の少ない食材を用いる．たと

えば，マグロのトロよりは赤身を選び，牛乳は特濃タイプよりローファット・タイプを選ぶ．②油を使わない調理法を優先する．つまり，揚げ物や炒め物を減らし，焼き物，煮物，ゆで物，蒸し物を多くする．③調味料として，マーガリン，バターをはじめ，ドレッシングやマヨネーズに注意し，ハーフカロリーやノンオイルタイプを選ぶ．

2） 糖質とタンパク質は体脂肪を減少させるために食べる

糖質は，脳の唯一のエネルギー源であることから，欠かせない栄養素である．そして，日常の生活活動のエネルギー源となるのはもちろんのこと，スポーツにおいては，運動の強度が高くなるほど多く消費される筋肉のエネルギー源でもある．しかも体内貯蔵量は脂肪と比べて少ない．そこで，運動をともなうダイエットの場合には，食事で糖質を摂取しないと筋肉および肝臓のグリコーゲン量が低下し，低血糖状態を招く．この状態では，必要なエネルギー源をまかなうために筋タンパク質を分解してアミノ酸をつくり，アミノ酸からの糖新生あるいは直接TCA回路に入りエネルギーを生産することになる．つまり，糖質不足は筋肉の分解を引きおこすので，体力を維持する上では損失である．糖質を摂取するには，ご飯，パンを少量でも必ず三食食べるようにする．また，砂糖，ジュースも糖質の多い食品であるが，血糖値を急激に上昇させ，インスリン分泌を強く促し，糖質とともに脂肪の蓄積も促進しやすいので，減量中は控える．

タンパク質は，筋肉，骨，血液，内蔵，皮膚などの組織を構築するばかりでなく，各種の酵素，ホルモンの本体であり，免疫にも働くので，減量中であっても必要量は低下しない．運動選手ならば，一般人の所要量よりも必要量は高まる．おかずと乳製品を，脂質に気をつけながら摂取するが，摂取エネルギーを抑えてタンパク質量を高めるには，プロテインパウダーのようなサプリメント（栄養補助食品）を食事前に飲むと良い．

3） ミネラルとビタミン不足ではコンディションを崩す

骨を形成するカルシウム，血液をつくる鉄などのミネラルは，いずれも減量による食事制限の影響で摂取量が低下しやすく，骨密度の低下および貧血の原因になる．ただし，塩（塩化ナトリウム）に関しては，とり過ぎがのどの渇きや，むくみの原因にもなるので注意が必要である．また，エネルギー産生に関わるB群，ストレスに対抗するCなどのビタミンは，減量中にも重要な栄養素であり，必要量は低下しない．そこで，カルシウムはローファットの牛乳で補い，鉄およ

びビタミンはサプリメントで摂取する．

5大栄養素以外では，まず食物繊維は便秘を改善し，コレステロールを低下させるので，ダイエット中にも十分摂取する．食物繊維は野菜，海草，コンニャク，キノコ類に多く含まれている．また，水は量的に十分摂取して，体内の物質代謝が円滑に進むようにしなければならない．

c. 実際の食べ方
1) 基本は「栄養フルコース型」の食事

このように，エネルギーと脂質以外は一般人と同等，あるいは選手の場合は一般人以上の摂取を心がけなければならない．このような食事メニューを組み立て，実際に調理して食べるのは容易ではない．そこで，具体的には，主食，おかず，野菜，果物，牛乳の5つが揃う「栄養フルコース型」の食事を基本とする．ただし，主食のご飯は少なめにし，おかずは脂肪の少ない食材と調理法を選び，野菜はゆでる・煮る・蒸すの調理が良い．果物はビタミンの供給源として重要であるが，エネルギー過剰にならないよう気をつけたい．牛乳もローファット・タイプにする．減量においては摂取エネルギーを制限することになるので，サプリメントを活用して必要な栄養素を確保し，良好な栄養状態を維持することが重要である．

2) 食べ方のテクニック

規則正しい食事とトレーニングとにより，代謝のリズムをつくることも非常に大事である．三食を規則正しく食べるのが望ましいが，摂取エネルギーが同じなら，間食を含めた四食，五食の方が，肥満や生活習慣病にかかるリスクが減少する（表9.7）．1日一食や二食で減量しようとするのは，かえって太りやすいことになる．

また，同じエネルギー量の食事をする場合，朝（午前9時），夕方（午後5

表9.7 成人男子における食事回数と肥満および併発症の関係

1日の食事回数	肥満	高コレステロール血症	耐糖能の低下	虚血性心疾患
3回以下	57.2%	51.2%	42.9%	30.4%
3〜4回	42.2	35.1	21.5	24.2
3〜4回*	32.8	29.8	26.5	
3〜4回**	36.0	32.0	25.0	
5回以上	28.8	17.9	19.4	19.9

注：＊食間に軽食，＊＊就寝前に軽食　　（Fabry et al., 1964, 1968）

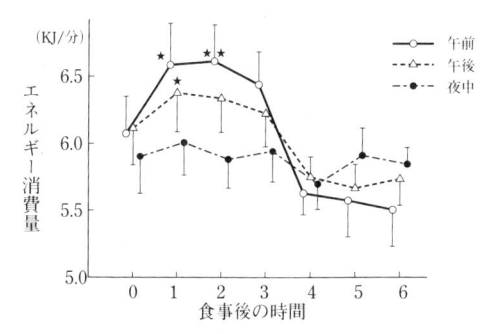

図9.12 1日の中で異なる時間帯で食事を行なった後のエネルギー消費量の増加の違い（Romon, 1993）

時），夜中（午前1時）では，食事誘発生体熱産生（DIT）が異なる．DITは，朝が最も高く，夕方，夜中の順で低下する（図9.12）．つまり，朝は体温が上昇し"エネルギーのむだ使い"がおこりやすい．朝食をしっかり食べると，朝から代謝が高まるので，結果的に体脂肪を減らしやすい身体になる．逆に，就寝前の食事は，脂肪のエネルギーとして体内に蓄積されやすいことになる．そこで，夕食より昼食を多く，さらに昼食より朝食を多く食べることが勧められる．しかし日本の食生活では難しいので，せめて朝食を抜かないことだけは心がけたい．

その他，早食いは過食につながる可能性があるので避け，ながら食いもメリハリがつかないので止める．

3） 減量の成功事例

男子柔道では，1992年のバルセロナオリンピック日本代表選手を決める1回目の国内選考会において，実力はあるが無理な減量をした78 kg級の選手が体調を崩して初戦で敗退するという事態が起こった．そこで，2回目の選考会を目指した35日間で7 kgの減量への挑戦をスポーツ栄養学の立場からサポートした．

この選手の体脂肪率は10.9％であり，体脂肪のみを減らして減量することは不可能であった（除脂肪体重を維持して78 kgにすることは，体脂肪率0.99％となることを意味する）．

そこで，朝食と夕食は所属会社の寮で調製するため，食事メニューを作成・提案し，昼の外食メニューについては選び方をアドバイスした．定期的なカウンセリングを実施したところ，体重は期間内で規定体重となり，試合にも勝利して代表に選ばれた．しかし，本人は体調がベストではなかったと申告し，試合後の血

液検査からも，血清鉄，ヘモグロビン濃度，総タンパクの低下が見られた．本人とのカウンセリングの結果，不足する栄養素を摂取するためのサプリメントを規則正しく使用していないことが原因であった．

オリンピックまで50日となった時点で，体重は規定の10 kg超過となっていた．連日の祝賀会などで体重がリバウンドしていたのである．しかし，本人は栄養サポートにより苦しまずに減量できることを理解していたので，2回目の減量は順調に推移した．オリンピック選手村に入村した後は，サポート班も現地入りして減量用の食事を調製した．また，本人は稽古以外にもジョギングを行い，ぬるま湯にゆっくりつかる入浴法も採用した．

オリンピック終了後の本人の主観的体調と血液検査の結果は，ともに良好であったので，この減量は成功と見なせる．栄養面では，エネルギー摂取量を1500 kcalまで低下させた時も，タンパク質は体重1 kgあたり1.5 g以上，鉄は25 mg以上を摂取した．これらの値は，エネルギーが一般人に必要な量の55%であるのに対し，タンパク質136%，鉄250%にも相当する．ちなみに競技結果も良好であり，全試合一本勝ちで金メダルを手中にしている．

学生の時期は，成長期の最終段階にあり，効率的に骨を強くし，筋肉や腱を強くする最後のチャンスである．世間で流行しているダイエット法に惑わされることなく，トレーニングと同様に食事もしっかりと考えて食べ，後で悔やむことのないようにしたいものである．　　　　　　　　　　　　　　　〔杉浦克己〕

参 考 文 献

1) 杉浦克己，田口素子，大崎久子：選手を食事で強くする本，中経出版，1992.
2) Wootton, S.；小林修平 監訳：スポーツ指導者のためのスポーツ栄養学，南江堂，1992.
3) Clark, N.；辻　秀一・橋本玲子訳：スポーツ栄養ガイドブック，女子栄養大学出版部，1998.

10
疲労を回復するための休養法

　運動やスポーツ，その他の身体作業によって，人間は「疲労」する．疲労は人間の生理的，心理的な反応であり，後に述べるように身体の安全を確保する防衛反応ととらえることもできる．このような疲労を解消し，さらにトレーニング効果を発現させるためには，心身の積極的な休養が不可欠である．

10.1　疲労とは

　国語辞典では，疲労とは「疲れること，くたびれること」と説明されている．しかしこの説明では，スポーツや体育の現場で仕事をする人間にとっては不十分であろう．

　疲労は誰にでも生じる現象であり，従来から多くの人々によって研究されてきた．しかしその原因については大変複雑で，現状においても十分に解明されておらず，「説」という形で議論されている．その代表的なものに中枢説，末梢説，エネルギー消耗説，中毒説，Hypoxidosis説，疲労物質説，ホメオスタシス失調説などがある．

　ともあれ疲労を生体の防御反応の一つとしてとらえることは可能である．すなわち，生体機能が運動や労働，各種活動により低下または失調し，その後に待ち受ける疾病や傷害を事前に回避するために生じる自己防衛機能を「疲労」ととらえるのである．

　一般に疲労の現れ方には，生理的な機能低下による肉体的な疲労発現（疲労症状）と，心理的な機能低下による精神的な疲労発現（疲労感）の2種類に分類される．しかし，生理的な機能低下の背景には心理的な機能低下があることも多く，またその逆も生ずることは十分に理解できるだろう．したがって，疲労を精神的側面と肉体的側面に分類することは不可能であるとする考え方もあるが，ここでは説明しやすいように，肉体的疲労と精神的疲労とに分類できることを前提

10.2 疲労回復の方法

a．超回復と休養

スポーツ活動やトレーニングを実施すると，疲労により一時的に開始時の水準よりも競技能力が低下する．この状態は休養によって回復し，さらに休養を持続させると，開始時の競技能力よりも向上した状態になる（図10.1）．これを「超回復」と呼ぶ．さらに休養を続けると超回復によって得られた競技能力は減退し，もとの競技水準に戻ってしまう．したがって減退する前に次のトレーニングを開始しなければ競技能力の向上・改善は望めないことになる．これが超回復の理論である．

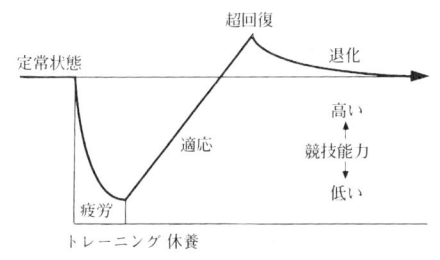

図10.1　超回復の概念図

図10.2に示したように，超回復の時期に次のトレーニングを実施すると順次超回復の状態が積算され，徐々に競技能力が高まって行く．もちろん，現実はそれほど単純ではなく，トレーニング効果が加算できないような激しいトレーニングの実施や，逆に種々の疲労を除去するために意識的にトレーニング量を落とすピーキングなどを組み合わせ，試合当日に目標を定め，コンディションを整えて

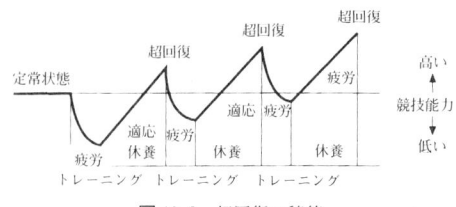

図10.2　超回復の積算

いくのが「コンディショニング」である．

いずれにせよ，コンディショニングの背景には超回復理論が存在している．休養は，どうすれば効率的，効果的に超回復を実現できるのかという，超回復のための手段とも考えられよう．

b．アフターケア
1) クーリングダウン

クーリングダウンは，スポーツにおける主運動の後に，早期回復やスポーツ傷害の予防を目的として，比較的軽度の有酸素運動を実施することである．このような観点から，クーリングダウンを active recovery（ふつう積極的休息と訳される）と呼ぶことが多い．実際スポーツ実施によって産生される筋中の乳酸は，エネルギー源としての脂肪酸の動員を妨げたり，酸化系酵素群の活性化を阻害する．したがって乳酸の除去は疲労回復には重要な要素となるが，クーリングダウンを実施することによって乳酸の除去が早まることが数多く報告されている．その概念図を図10.3に示す．

一方クーリングダウンにおける有酸素運動の強度については図10.4に示してあるとおり，最大酸素摂取量の30％〜40％程度がよいとされている．ただし，好みの運動強度（50％程度）との間には差がなかったという報告があり，結局50％前後の運動強度で実施すれば乳酸除去に関しては大差がないと考えられよう．

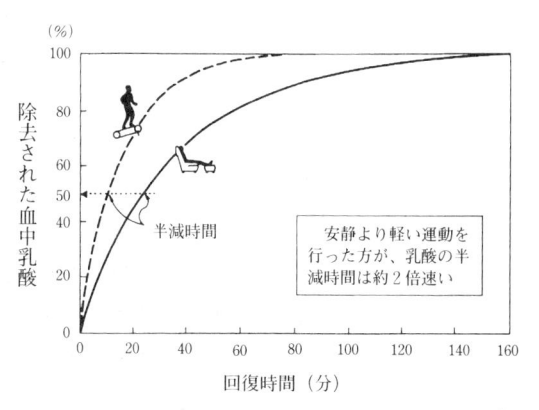

図10.3 安静とクーリングダウンによる運動後の血中乳酸除去率のタイムコース（Fox, 1984より引用）

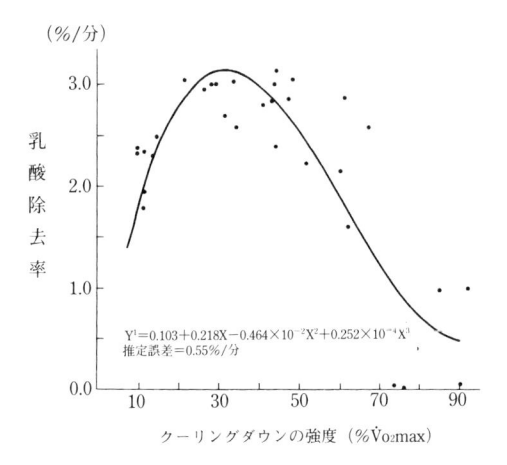

図10.4 クーリングダウンの強度と乳酸除去率との関係（青木，1988より引用）

$Y' = 0.103 + 0.218X - 0.464 \times 10^{-2}X^2 + 0.252 \times 10^{-4}X^3$
推定誤差＝0.55%/分

（縦軸：乳酸除去率 (%/分)、横軸：クーリングダウンの強度 (%$\dot{V}O_2$max)）

2）ストレッチング

　疲労が蓄積してくると筋肉が硬直してくることはよく経験するであろう．いわゆる筋肉がはっている状態である．この状態を放置しておくと筋肉が短縮したり，関節の可動域が制限され，スポーツ傷害が生じやすくなる．このような筋肉の硬直状態を緩和するのがストレッチングである．

　ストレッチングは，その動きから静的ストレッチング（スタティックストレッチング：静止状態で筋伸張を保持する）と動的ストレッチング（バリスティックストレッチング：可動域の終端で反動動作をくり返す）に分類される．またパートナーとともに実施する場合にはパートナーストレッチングとかコンビネーションストレッチングなどと呼ぶこともある．

　ストレッチング実施時の注意として，スポーツ種目により疲労しやすい部位が異なってくることがあげられよう．投動作の多い競技では肩関節周辺の筋群が，ランニングやジャンプ動作の多いスポーツでは下肢筋群を中心にストレッチングをすることになるが，さらに各自のスポーツ種目における個々の動作についてバイオメカニクス的によく分析し，使用頻度の高い筋肉を理解すること，着目した筋肉のスポーツ動作時における特性や筋線維の走行方向，またがる関節数や，筋付着部位などをよく理解し，正しいストレッチングを実施することが重要である．

またストレッチング実施時の呼吸法も大切である．筋肉には伸張させると縮もうとする「伸張反射」が備わっている．したがって無理に筋肉を伸張させれば，伸張反射がおこりストレッチングが困難な状態となる．しかし，伸張時に息を吐くようにすると伸張反射が抑制され，効果的に筋肉をストレッチすることができる（主な筋群のストレッチング方法は 20 章参照）．

3） マッサージ

マッサージはリラックスした状態で実施できるために，選手からも大変好評で，場合によってはマッサージに過度に頼る傾向も見受けられる．とくに注意したいのは長時間にわたるマッサージで，逆に痛みが残ってしまうケースがある．いわゆる「揉み返し」である．翌日のコンディション調整を考えた場合，あまり気持ちがいいからと言って，過度にならないように注意すべきである．

4） 寒冷療法（アイシング）

スポーツ終了後の主動筋群は，充血や発熱，腫脹が見られる．放置しておくと炎症がすすみ，場合によってはスポーツ障害につながることもある．このような場合には寒冷刺激により，炎症を取り除くことが行われている．いわゆるアイシングである．

寒冷刺激は皮下の毛細血管を収縮させ，筋組織の血流量を減少させる．その結果充血による発赤をおさえ，発熱を抑制し腫脹を軽減させるはたらきがある．さらに寒冷刺激そのものが痛みを押さえるはたらきがあり，スポーツ終了後，とくに酷使した筋群に対し，アイシングを実施することが今や常識となっている．

寒冷刺激に期待されるもうひとつの効果として，反射性充血がある．これは寒冷刺激を取り去った後にアイシングをした部位に生ずる血管反応で，低温部位の温度上昇のため，選択的にアイシング部位に血液が循環するのである．血行が促進されることにより，老廃物や疲労物質の除去が速やかに行われ，疲労回復に寄与するものと考えられる．

アイシングに最も利用されるのが氷である．ビニール袋などに氷を入れ，規則正しく並べることによって平板のようなアイシング袋をつくる．このときビニール袋内の空気を抜く工夫をすると，氷が溶けにくく長持ちをする．また，少量の食塩を混入することによって氷の温度を下げることも可能であるが，このような場合，アイシング部位が凍傷にならないよう注意しなくてはならず，皮膚とビニールとの間にタオルを巻くなどの工夫をする．ゴム製のものやズック製の氷嚢も

市販されており，長く使用することも考えれば，市販品を購入するのも便利である．

アイシングの時間は約10〜20分が適当であるが，時間よりも本人の主観によって判断する方がよい．アイシング時の本人の主観の段階を表10.1に示す．第4段階に到達したらアイシングをやめ，前述した反射性充血が感じられればよい．

このほか，化学合成された蓄冷剤をビニールなどに詰めたアイスパックも市販されており，冷蔵庫に入れておけば何度でも使用でき便利である．また，紙コップなどに水を入れて氷をつくり，その氷を使用して患部をマッサージする方法も寒冷効果だけでなく，機械的刺激効果がねらえる．いわゆるアイスマッサージである．

5）温熱療法

寒冷療法のところでも述べたが，スポーツ終了後の主動筋内には老廃物や疲労物質が産生されており，疲労回復のためにはこれらの物質を速やかに除去する必要がある．身体内での物質の媒体となるのは血液であり，したがって患部の血行を促進することが疲労回復の早道となる．

最も一般的な方法は入浴である．シャワーではなく，浴槽にゆったりとつかることによって気分もリラックスできる．入浴時間は20〜30分ほどがよく，ゆっくりと入浴し，ストレッチングやセルフマッサージを実施するのも効果的である．このときの湯温は，高すぎると発汗などをともないエネルギーを消耗するので，体温よりも若干高めの，やや低い温度が理想的である．

サウナ浴も入浴と同様の効果が期待できるが，あまり長時間利用するとやはりエネルギーの消耗が激しく，逆に疲労が残ることもあるので注意を要する．最近では低温サウナも多く，スポーツ選手の疲労回復には効果が期待できよう．

局所的に鈍痛や疲労感を感じるような場合はホットパックを利用する．就寝前などに利用すると効果が高く，効果は約20〜30分ほど持続するが，やけどに注意する必要がある．

表10.1 冷却による感覚の段階

段階	感 覚
1	冷却による痛み
2	あたたかい感じ
3	針で刺されるような痛み（ピリピリ）
4	無感覚

c．休　養

休養は単にスポーツによる疲労回復

のためだけの手段ではなく，疲労する以前の水準以上に体力や心理状態を改善し（前述の超回復），総合的に人間性を回復・向上させるための手段と言える．

休養を取ることによって心身に種々の効果が現れる．生理学的には適切な栄養摂取と組み合わせることによりエネルギー源の枯渇から回復したり，疲労物質の除去などの効果が期待できる．また心理的には，不安や怒りのコントロール，自分自身の正確な状況把握や状況判断，さらにその帰結としてストレスなどの外乱に対するコントロール能力も高まる．したがって休養をどのように効果的にとるかが，休養に引き続いて実施する運動やスポーツ，労働作業の出来映えに大きく影響する．

休養の「休」は文字通り休むことであるが，「養」は，養い育てることを指す．このような観点から休養をあえて分類すると，①消極的な休養（なにもせずに身体を休める．睡眠がその中心），②積極的な休養（軽運動をすることによって休息する），③保養（余暇時間などを積極的に活用して自分のやりたいことを実施する），となろう．以下この3つの分類にしたがって効果的な休養の取り方について説明する．

1） 消極的な休養 (睡眠)

消極的休養の代表的な方法は睡眠である．睡眠はその長さと深さが大切な要素である．睡眠時間ばかりが話題になるが，実際には睡眠の深さが関係しており，さらに個人差もある．

実際の睡眠はまったく均一なものではなく，約1時間半（90分）の周期でレム睡眠（REM：rapid eye movement）とノンレム睡眠（NREM：non rapid eye movement）とが交互に規則的に出現する（図10.5）．

レム睡眠時の脳波は覚醒時に類似し，大脳は活発に活動しており眼球運動も盛んであるが，筋肉は弛緩した状態にあるのが特徴で，睡眠全体の約20～25％を占める．一般にレム睡眠は睡眠深度が深く夢を見ていることが多い．一方ノンレム睡眠は大脳が活動を休止した状態ではあるが，筋肉には緊張感が残存しており，睡眠の深度も入眠直後は深くなるが，一般的には浅いのが特徴で，睡眠全体の75～80％を占めている．

睡眠の深さは，脳波パターンから睡眠深度の浅い第1段階から深い第4段階まで分類される．いずれもノンレム睡眠で，第3，4段階は熟睡の状態である．入眠からの睡眠パターンを見ると，最初の3～4時間では第3～4段階の深い睡眠状

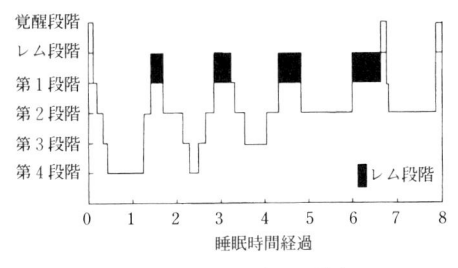

図10.5 ヒトの睡眠経過図

態が現れるが、その後は浅いノンレム睡眠とレム睡眠になる。すなわち睡眠時間の進行とともに順次睡眠深度が浅くなることになる（図10.5）。

必要な睡眠時間はかなりの個体差があるが、7時間半が平均的睡眠時間とされている。しかし4～5時間程度の短い睡眠時間で日常生活を営むことも可能で、このような場合、寝つきが早く、第3～4段階の深いノンレム睡眠が多いと考えられる。したがって質の良い眠りは、単に睡眠時間が長ければよいということではなく、深いノンレム睡眠とレム睡眠との出現パターンを考慮する必要がある。

質の良い睡眠の取り方としては、睡眠がサーカディアンリズムに強く影響を受けていることから、まず規則正しい時刻に就寝する習慣をつけることである。コーヒーなどの覚醒作用のある嗜好飲料は食事などは睡眠の2～3時間前は控えるようにしたい。さらにスポーツ選手の場合、夜ふかしをするとサーカディアンリズムに影響するので慎むべきである。

前述のように、ノンレム睡眠とレム睡眠が約90分の周期でくり返されることから、睡眠時間を90分の倍数（4～5倍が望ましい）に設定することも一つの工夫である。これは以下の理由による。すなわち、第3～4段階のノンレム睡眠からの覚醒は、頭がぼけた状態で感覚、運動、認識能力が低下し、逆にレム睡眠から目覚めた場合には比較的目覚めが良く、熟睡したという満足感が得られる。とくにレム睡眠の終期には覚醒へ移行しやすい状態になっており、レム睡眠からノンレム睡眠への移行期に目覚めるように睡眠時間を設定するのがよいと考えられる。

2） 積極的な休養

運動直後の軽い有酸素運動は疲労回復を早めるのに効果がある。この効果は運動後だけではなく、一般的な疲労時においても、軽い全身運動やストレッチ（6章、20章参照）を実施することによって、筋肉の緊張や心理面でのリフレッシ

ュが期待できる．

3） 保　　養

　余暇時間をあらかじめ設定することによって，他の運動やスポーツ，趣味など，日頃から積極的に実施したいと考えている活動を実施することは，疲労回復におおいに効果がある．プロ野球選手などが，シーズンオフに温泉などに出かけてオーバーホールを実施するのも，この保養の例である．さらに動植物とのつきあいなど，自然とふれあう時間を積極的につくることによって，生体機能を強化したり，あるいは生きがいの創出，自己実現も可能となる．

　一方，種々のイベントやパーティーなど人と人とのふれあいの場に参加することも精神的なリフレッシュに効果が期待できるが，人つきあいが逆にストレスとなる場合もある．参加しようとするイベントがどのような種類のものかあらかじめ考慮し行動するようにしたい．

4） 休養の環境条件

　休養を効率よくとるためには，それを取り巻く自然環境や快適な空間的設備的条件を整える必要がある．最も理想的な条件としては，豊かで個性的な自然環境があり，スポーツ活動が必要に応じて実施できる施設が完備され，静寂が保たれかつ温度も適度に調節できる休憩室や，シャワー，浴槽などの洗身施設，気持ちよく食事のできるレストランなど，日常生活空間そのものが快適なことである．

〔高梨泰彦〕

参考文献

1) トレーニング科学研究会編：コンディショニングの科学，朝倉書店，1995．
2) 黒田善雄：スポーツのためのセルフケア，文光堂，1996．
3) 特集「ウォーミングアップとクーリングダウン」，*Japan Jurnal of Sports Sciences* Vol. 7 No. 10，ソニー企業，1988．
4) 武藤芳照他：スポーツトレーナーマニュアル，南江堂，1996．
5) 矢部京之助：疲労と体力の科学，講談社，1986．

11 体調を整えるための水分補給

11.1 身体の中の水——体液

a. 体内の水，その分布と役割

体内にある水のことを体液といい，健康な成人の身体では，体重の約60%を占める．組織別にみると，筋肉に最も多く約30%，次いで皮膚に約13%存在する．身体の水分率には，かなり男女の違いや個人差があるが，これには体脂肪率の違いが関係する．骨を別にすると，身体の組織はその重さのほぼ70~80%が水分であるが，脂肪組織では約10%と少ない．したがって，体重が同じでも体脂肪の多い人は，そうでない人に比べ水分率は低い．脂肪の重さを差し引いた徐脂肪体重（LBW, Lean Body Weight）あたりの水分率として表すと，個人差は小さくなって，成人でその値は約73.2%となる．

細胞の中にある体液を細胞内液といい，それ以外を細胞外液という．細胞外液のほとんどは細胞周囲の間質液と血管内を流れる血漿（血液の液体成分）である．体重のうち，細胞内液が約40%，間質液が約15%，血漿が約5%を占める．水は，細胞膜や毛細血管壁を通って入れ替わりながらもこの割合となる．

生命活動に必要な化学反応の大部分は，細胞内の水溶液（細胞内液）中で起こる．また，水は酸素，二酸化炭素や栄養素など多くの物質を運んだり受け渡したりする．ほかにも汗として皮膚表面に出て熱の放散に関係するなど，水は身体の機能を保つために不可欠な物質である．

11.2 体液のバランス

a. 身体への水の出入りと脱水

健康な成人の身体では，水は尿として腎から通常1日に約1.5 l 排泄される（図11.1）．尿量の最低限度は1日約0.5 l で，これは不可避尿といい代謝産物な

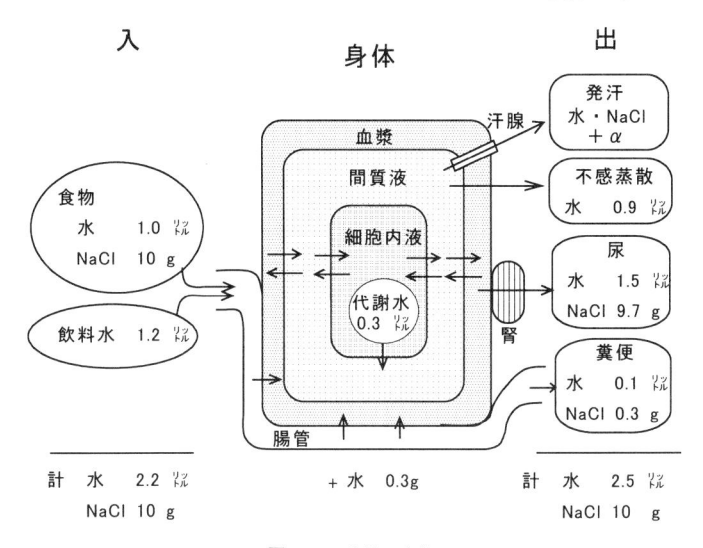

図 11.1 体液の出納

どを排泄する上で最低限必要な量である．皮膚や呼吸気道からは水が蒸発する．これは意識できないので不感蒸散と呼ばれ，1日に約 $0.9 l$ 失われる．また，糞便には腸管で吸収されなかった水が約 $0.1 l$ 含まれる．一方，水は体内の代謝活動により約 $0.3 l$ つくられ，食物から約 $1 l$，残りが飲料水として入りバランスがとられる．しかし，これらは身体の状況によりかなり左右され，たとえば汗が出ると余分に水分や塩分が失われ，多量になるとその分補給も必要となる．また，消化管には消化液など多量の水分や塩分も分泌される．通常ほとんど吸収されるが，嘔吐や下痢などがおきると，それらが失われて水分や塩分のバランスを崩すもとになる．体液が何らかの原因で通常より減少することを脱水という．

b. 体液のバランスを保つしくみ

スープなどの味や量を加減するように，体液の量や塩分の濃度も調節される．味見してくれるのが浸透圧受容器で，主に脳の視床下部などにあり，体液の浸透圧の変化に反応する（図 11.2）．体液調節の中枢もその近傍にあるといわれ，浸透圧容器から浸透圧が上昇した（体液が濃くなった）ことが伝えられると，のどの渇きを感じさせて飲水行動を起こさせ，同時に ADH（抗利尿ホルモン）を下垂体後葉から血液中に分泌する．ADH は血液で運ばれて腎に達し，尿をつくる

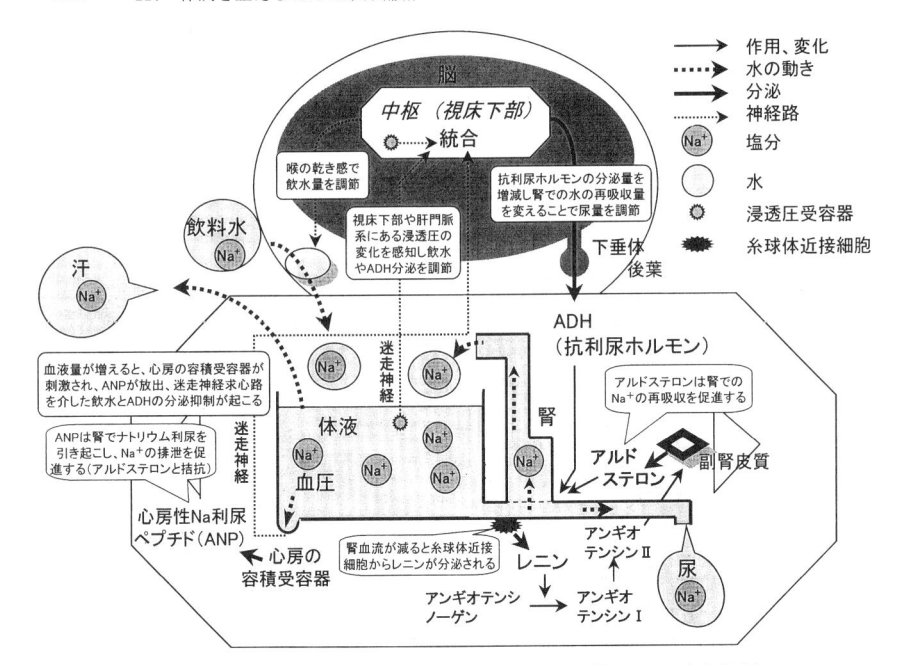

図11.2 体液の調節（朝山正巳他：イラスト運動生理学[1]，p. 89 より改変）

過程で水の再吸収を促して，身体の水分を節約する（濃い少量の尿になる）．逆に水分を摂りすぎたりして体液の浸透圧が下がる（体液が薄くなる）と，ADHを減らして逆の反応をおこす．また，脱水などで循環している血液の量が減ったり，逆に増えたりすると，レニン・アンギオテンシン・アルドステロン系や低圧系受容器（心房の容積受容器など）の働きで，尿の量や塩分濃度を変えて体液を保持しようとする．

11.3 発汗と脱水

a． 発汗──熱を放散するために体液を犠牲に

汗は汗腺で体液をもとにつくられる．汗の原液は体液とほぼ同じ組成で，汗腺の導管を通って皮膚表面に出る．その間に塩分が再吸収され薄められる．貴重な体液を使って身体の熱を放散しているわけである．

発汗には温熱性発汗と精神性発汗があり，前者が体温調節に関係する．中枢は脳の視床下部にあり，体温が上がると分泌される．皮膚表面から1gの水が蒸発

すると約 0.585 kcal の熱を奪う．100 g の蒸発では体重 70 kg の人の体温を約 1°C 下げる．気温の高い場合や，運動などで身体の熱産生が高まったときには熱放散の主役となる．しかし，湿度が高い場合には水は蒸発しにくい．汗が出ても，したたり落ちたり，ふきとられると熱放散の役割を果たさない．蒸発せず，熱を奪わなかった汗を無効発汗，蒸発して熱を奪った汗を有効発汗という．汗は熱放散のために体液を犠牲にしているので，無効発汗はその無駄遣いといえる．剣道やアメリカンフットボールなど，防具類や厚い衣類をまとって行う運動では無効発汗も増え，体温上昇度も大きい．定期的に休憩をとり，軽装になって熱放散を促進する必要もある．また，逆に有効発汗は目に見えず，汗をたくさんかいた自覚に欠ける．山歩きなど運動の強さはさほどでなくても，長時間にわたると想像以上に体液を失っていることがある．気圧の低い高地に行くと，とくに初期には，呼吸が促進されるため不感蒸散が増え，尿量も増える（高地利尿）ため脱水状態になりやすいといわれる．

　汗の量は，多い時には 1 時間で 2 l を超える．2 時間も続けると，体重 80 kg の人の血漿量（体重の約 5%）と同等になってしまう．失った分は各体液区分から水が移動して補われ，一応細胞内外で体液のバランスはとられる．しかし，総量は減り，成分は濃縮されていて脱水状態となっている．脱水量が体重の 3% を超えると循環機能や運動能力は低下するといわれる．また，体温が上がっても汗が出にくくなるなど熱放散能力も低下して，限界を超えると危険な状態に陥る．

b．塩分の損失

　多量に発汗すると塩分損失も増える．汗中の塩分濃度にはかなり個人差があるが，Na^+ の平均濃度で約 0.2〜0.4% といわれる．発汗量が増えるほど濃度も上がるため，汗が多いほど塩分も失いやすい．2 l の汗をかくと 4〜8 g の塩分損失となる．日本人の塩分所要量が 10 g/日以下，高血圧予防に有効といわれる量が 3〜5 g/日程度という目安からすると，この汗による損失量は軽視できない．さらに，多量発汗の際に水だけを補給すると体液が薄められ，熱けいれん（表 11.1）をおこすなど身体の不調に陥ることがある．夏場や梅雨時，とくにその時期に運動する場合，体温は上昇しやすく発汗量も多くなり，熱中症も増える．普段から汗をかき慣れている（暑熱順化している）と汗が出やすくなり，塩分も導管でよく再吸収されて少ない損失ですむ．最近は冷房の普及で屋内では夏でも涼し

表11.1 熱中症の病型とおもな症状[3)]

熱中症の病型	原因	症状	救急処置
熱失神	皮膚などの末梢の血管の急激な拡張による血圧低下，脳血流減少	血圧低下，顔面が蒼白，めまい，失神など，脈は速くて弱くなる	涼しいところへ運び，衣服をゆるめ，水分を補給する．足を高くし腕や脚を末梢部から中心部に向けてマッサージするのも有効．水分補給ができない（おう吐，吐き気などで）時は病院へ運び点滴を受ける．
熱疲労	多量の発汗による水分，塩分の不足	脱力感，倦怠感，めまい，頭痛，吐き気など	
熱けいれん	多量の発汗で水分，塩分の喪失後，水分のみの補給による血液の塩分濃度の低下	四肢，腹部などの筋に痛みをともなうけいれん	生理的食塩水（0.9%）を補給する．
熱射病	過度の体温上昇（40度以上）による中枢機能の異常	意識障害（応答が鈍い，言動がおかしい，意識がない）	ただちに全身を冷却する（水をかけてあおぐなど）．救急車で集中治療のできる病院へ一刻も早く運ぶ．

く過ごせるが，暑さに慣れていないと，急に暑くなったり暑い中で運動した場合に，汗が出にくく体温が上がりやすい．また，汗が少ない割に余分に塩分を失いやすい．運動などを習慣づけ，普段から暑さに慣れておくことも大切である．

脱水後に水を飲みたいだけ飲んでも，その量は失った水の量に達しない．この現象を自発脱水という．スポーツ飲料のように電解質などを含んで多少浸透圧の高い液体を飲むと，自発脱水の程度は小さくなることから，失った水分と塩分は，両者のバランスをとりながら回復されると考えられる．完全に戻るには時間がかかり，塩分の回復には食事の役割が重要である．

また，1 l の汗の中に1〜2 mgの鉄分が含まれる．毎日多量に発汗するアスリートなどでは，鉄分の不足から貧血になりやすい．食事を工夫したり，それでも不足するときには，補助食品による鉄分の適切な補給が必要となる．

表11.2 スポーツ活動中の熱中症予防8ヶ条（財団法人日本体育協会）

1. 知って防ごう熱中症
2. 暑い時，無理な運動は事故のもと
3. 急な暑さには要注意
4. 失った水と塩分を取り戻そう
5. 体重で知ろう健康と汗の量
6. スケルトンルックでさわやかに
7. 体調不良は事故のもと
8. あわてるな，されど急ごう救急処置

c. こわい熱中症とその予防

熱中症は，表11.1のように分類される．なかでも熱射病は生命に関わる．熱射病が疑われる際に

は，ただちに身体を冷却し，集中治療が可能な設備の整った病院に運び適切な処置を受ける必要がある．熱中症の予防には，温度や湿度，直射日光など環境条件に注意を払うこと，薄着になったり帽子をかぶるなど服装に工夫すること，スポーツなどを行う際には日陰などで適度な休憩を挟むことなどの配慮が必要である（表11.2）．水分や塩分の適切な補給は必須で，十分に準備しておく．スポーツイベントや山歩き，風呂，サウナ，暑い中での作業など温湿度が高い環境条件であったり，運動や作業の強度が高かったり，時間が長かったりする場合には熱中症が起こる危険性は増える．

　脱水の状態を把握するためには，体重を定期的に計るとよい．30分間程度のジョギングでも体脂肪量の減少はせいぜい十数〜数十g で，体重減少はほとんど脱水による．運動の後体重が減り，やせた（脂肪量が減った）と勘違いし，安心して食べ過ぎたり，逆にその体重を保とうと食事や水を絶つのは好ましくない．サウナスーツなどを着て運動することも，見た目には発汗が多く，つらいのを我慢した分やせられそうな気がするが，単に脱水を助長するだけでやせることにはまず役立たない．むしろ汗がほとんど蒸発せず無効発汗となるため，よけいな体温上昇を招き熱中症に陥る危険すらある．また苦しいので長続きしない．薄着で運動した方が脱水の程度も軽く，楽に消費エネルギー量も増やせ，三日坊主にもなりにくいのでやせることにも役立つ．

11.4　水分補給のこつ

a．水分補給のための飲み物

　水分は，水道水，ミネラルウォーター，清涼飲料水（ジュース類，スポーツ飲料など），茶類などの飲み物でとる．エネルギー含有量は 0〜70 kcal/100 ml 程度で，糖質などの含有量に左右される．果汁，ジュース類はエネルギー含有量が高い物が多い．茶類などには，カフェインが含まれ，交感神経の促進作用や利尿作用などをもつ．

　水分や栄養補給のためにと市販されている清涼飲料水は，スポーツ飲料や，薄味にしたりエネルギー含有量を低くしたダイエット飲料や，ニアウォーターと呼ばれるものなどさまざまである．これらには甘味を付けるためにブドウ糖（グルコース），ショ糖，果糖（フラクトース）やオリゴ糖などの糖質や，ステビア抽出物（南米原産ステビアの葉から抽出した天然甘味料，砂糖の約300倍の甘味を

もつ），アスパルテーム（α-L-アスパチル-L-フェニルアラニンメチルエステル，人工甘味料，砂糖の約200倍の甘味をもつ）などの食品添加物が加えられている．後者の食品添加物は，甘さの割に量が少なくてすむため飲料のエネルギー含有量を抑えるのに用いられる．ショ糖やブドウ糖などの摂取は，血中へのインスリン分泌を増やし，脂肪の分解や代謝を抑制する．これにより，身体活動のエネルギー源としては脂肪より糖質が主に使われるようになり，持久的な競技の前に飲むと不利となるともいわれる．ステビア抽出物やアスパルテームなどではこれはあまり起こらない．果糖でも起こらないといわれるが，吸収後に肝臓でグルコースに変えられエネルギー源となる．また，ビタミンB_1やナイアシンなど代謝に関連するビタミン類，抗酸化作用をもつビタミンCやE，タンパク合成の材料となる各種のアミノ酸などを加えて，運動時や運動後の栄養摂取の効果に期待するなど，飲料も多様化している．しかし効果の実証がこれからのものもある．

b．何を飲むか

日常，脱水状態でなく栄養摂取も十分であれば，通常の飲み物を飲む場合，その種類や飲み方にさほど注意を払う必要はない．自発脱水も関連するため，のどが渇けばその渇きがおさまる程度飲んでも水分の摂り過ぎにはなりにくい．しかし，味覚の良い物，冷たく口あたりの良い物などは飲み過ぎることもある．また，乾いた物を食べているときや塩分を多く摂った場合には，のどの渇きが強くなる．ジュースなどの清涼飲料水はエネルギー含有量が高いものも多く，飲み過ぎると摂取エネルギーが過剰となり，知らず知らずのうち体脂肪が増えて肥満となることもある．栄養は食事を中心に摂取することが望ましく，飲料のエネルギー含有量や成分を確かめるなどして，バランスのよい水分補給を心がける．

運動中や運動後，長時間の入浴後など脱水量が多い場合には，水分や塩分も多めにとる必要がある．しかし，それをジュースなどの清涼飲料水で補うと，やはりエネルギーの摂取過剰となりやすい．夏場の身体トレーニングなど多量の発汗を毎日続けるような状況で慢性的な脱水や熱中症を防ぐためには，水道水，ミネラルウォーターや低カロリーの飲み物1lに対し，ひとつまみほど食塩を加えて0.2％程度の濃度にして飲むと，エネルギー摂取量を抑えながら，水分や塩分の補給がしやすいといわれる．高カロリーのスポーツ飲料は水でうすめ，同じよう

に食塩を少し加えて飲む．マラソンやトライアスロンなど長時間の競技や，その際ラストスパートなど運動強度を上げる必要のある場合には，運動中に糖質の入ったものを摂取するのが効果的ともいわれる．いずれにしても運動の時間，強さや環境条件などを十分考慮し，何を補給するのか（水や塩分かエネルギーか）を明確にして，飲料の種類，量やタイミングを決める必要がある．

c．運動する時，いつ，どのくらい飲むか

　運動時の水分摂取は自由でよいが，一度に多量の摂取は避ける．気温や湿度が高いなど，前もって多量発汗が予想される場合には，15～30分前に胃に膨満感が生じない範囲で，あるいは数回に分けてあらかじめ500 ml程度飲んでおくと効果があるといわれる．運動中には，15～20分おきに100～400 ml飲む．アスリートはとくに競技や日常の練習中，計画的に休憩をとり飲水を心がけ，体重の2％をこえる脱水を起こさないようにする．マラソンのレース中など，休憩がとりにくい場合には一層の配慮が必要となる．また，競泳の練習中などは思いの外脱水状態になりやすいともいわれる．水中で行う運動でも，水温や運動強度によっては注意を要し，プールサイドには飲み物を置いて適時飲むようにする．運動中は水分が不足がちであることが多いので，足りない時には運動後に適切に補う．血糖値が下がっているような場合，その回復のために飲む場合には低カロリーのダイエット飲料は不向きで，食事とのバランスも考えながら糖質が入っている物を飲用するほうが良い．

〔大西範和〕

参考文献

1) 朝山正巳他編著：イラスト運動生理学，東京教学社，1995．
2) 小川徳雄：汗の常識・非常識　汗をかいてもやせられない！，講談社，1998．
3) 川原　貴，森本武利編：スポーツ活動中の熱中症予防ガイドブック，日本体育協会，1994．
4) 特集機能多様化を探る！夏の水情報－進化するミネラルウォーター，月刊トレーニングジャーナル No.238, p. 12～29, ブックハウスHD, 1999．
5) 鈴木正成：スポーツの栄養・食事学，同文書院，1986．
6) 五島雄一郎監修，日本医師会編：食事指導のABC, 日本醫事新報社，1991．
7) 谷村顕雄監修，日本食品添加物協会編：新訂版＝よくわかる暮らしのなかの食品添加物，光生館，1996．

12 オーバートレーニングの予防

12.1 オーバートレーニングとは

　スポーツ競技のパフォーマンス向上には，それぞれの種目の特異性を考慮したトレーニングの実践が必須である．しかしながら，選手がトレーニングに没頭するあまりに，その負荷や頻度の過大な設定によって，過度に疲労が蓄積し，パフォーマンスの低下や，ときにはスポーツ障害が生じることもある．オーバートレーニングとは，過剰なトレーニング負荷によって，運動能力や競技成績が低下して，容易に回復しなくなる状態で，一種の慢性疲労であり，加えてトレーニング負荷と回復のアンバランスによって生じる適応不完全状態とも定義されている[4]．パフォーマンスを向上させようとする努力にまったく効果が現れず，さらにスポーツ障害までひきおこしてしまっては，スポーツ選手にとってこんなに不本意なことはない．さらにこのオーバートレーニングは，スポーツ選手に関してのみ出現する問題だけではなく，一般の青少年，中高年者が健康維持のため，または体型・スタイル・身体組成の調整のために行う運動の際にも十分におこりうることである．ここでは，オーバートレーニングについての発生要因をまとめ，その予防対策を明らかにしたい．

12.2　オーバートレーニング発生の要因

　オーバートレーニングが発生する背景には，身体的，精神的疲労を蓄積させる原因が存在し，それが何らかの理由で過度に蓄積されたことが考えられる．オーバートレーニングが発生する原因としては以下の7項目があげられる[4]．
（1）　大きすぎるトレーニング負荷
（2）　急激なトレーニング負荷の増大
（3）　過密な試合スケジュール

(4) 不十分な休養，睡眠不足
(5) 栄養の不足
(6) 仕事，勉強，日常生活での過剰なストレス
(7) 風邪など病気の回復期の不適切なトレーニング

　上記をまとめると，オーバートレーニングは，トレーニング負荷が大きすぎたり，トレーニング頻度が多すぎたりすることで発生しやすいと考えられる．さらに身体的，または精神的なコンディションが低下しているときには，通常行っているよりも低いトレーニング強度でも発生する可能性があることがわかる．

　これらのことから，オーバートレーニングの予防のためには，個人個人がそれぞれのコンディションを正確に把握する手法を身につけるとともに，トレーニングの強度（負荷，時間，頻度など）の決定をどのように行うべきであるか理解する必要がある．またコンディションには，トレーニング強度の設定以外に栄養管理なども重要である．この章では，オーバートレーニングの予防として，主にコンディションの把握とトレーニング強度の設定についてまとめることとし，栄養摂取などの情報は他の章を参照いただきたい．

12.3　オーバートレーニングの予防

a．コンディションとコンディショニング

　普段私たちは，コンディション，コンディショニングという言葉をよく用いるが，その定義を明確に確認しておかなければならない．トレーナーから見たコンディションとコンディショニングの定義としては，以下のようにまとめられている[12]．すなわち，コンディションは，ピークパフォーマンスの発揮に必要なすべての要因であり，コンディショニングは，ピークパフォーマンスの発揮に必要なすべての要因を，ある目的に向かって望ましい状態に整えること，または，競技スポーツにおいて設定した目標を達成するためのすべての準備プロセスである．スポーツ選手にとっては，コンディションの把握と適切なコンディショニングが実行されていれば，高い競技パフォーマンスを得ることができ，同時にオーバートレーニングの予防にも役立つことになる．またとくにスポーツ選手でない個人にとっても，コンディションの把握は自分の健康状態をチェックすることになり健康に関する知識が高まるであろう．試験や旅行など自分にとって重要な日にあわせて，身体的，精神的なコンディションをピークにもっていくことで，より充

実して目的を達成することができる．

b. コンディション把握の手法

コンディションを把握する方法は，今までにも多く報告されており，それらの中から，種目特性や個人の環境条件に適した方法を選択することが望ましい．コンディションの把握は，主観的意見によるコンディションと客観的測定によるコンディションに分けられる．可能な限り，主観的意見によるコンディション，客観的測定によるコンディションの両方を活用して，多角的に把握することが理想的である．

c. 主観的意見によるコンディション把握

主観的意見によりコンディションを把握する方法は，自覚症状を問診にて聞く方法が多く，全身疲労，食欲，睡眠の質，頭痛の有無，立ちくらみの有無，下痢の有無，筋肉痛の有無などを選手に直接聞いている．これ以外には，RPE（rating of perceived exertion），POMS（profile of mood status）などが多用されている．RPEは現在の運動強度を主観的に判断する指標である（図12.1）．RPEにおいて回答した数字を10倍すると，その時の心拍数に近い値になると考えられている[11]．このRPEは自分の主観的コンディションを簡易に定量化することができるので，スポーツ活動中や日常生活においても有用性が高い．

一方POMSテストは，コンディションに関する65項目の質問に5段階で回答することで，その時の，緊張（TEN），抑うつ（DEP），怒り（ANG），活動性（VIG），疲労（FAT），とまどい（CON）の6項目の状態がわかるという測定である．POMSの結果は血液検査などの客観的な測定結果との関連が深く，信頼性，妥当性が確認されている．筆者らは，社会人野球選手のコンディション把握にPOMSを多用しており，合宿鍛錬期はもちろん，試合に至るまでのコンディション調整に活用している[7]．コンディションが良いと考えられる場合は，図12.2のように活動性の得点だけが高く，他の5項目の得点が低い山の形（アイスバーグ型）になるのが一般的であるが，コンディションに関する何らかの問題を抱える場合，POMSテストの結果は著しく変化することがわかっている．図12.3は，冬季トレーニングキャンプ時の中盤でのPOMS結果の一例である．活動性の得点が低下し，疲労の得点が高くなっている．すなわち，主観的に疲労

感を感じていることがわかる．トレーニングキャンプなどでは，中盤から後半にわたり，図 12.3 のような結果を示す選手が多くなるのが一般的である．図 12.4 は，通常練習時の POMS 結果の一例である．抑うつや怒りなどの得点が高く，アイスバーグ型と異なった結果となったために，選手とのカウンセリングを行ったところ，スポーツ障害をもっていることが明らかとなった．独自のトレーニングにおいて，オーバートレーニングが生じた可能性が高く，しばらくの休養を余儀なくされることとなった．また，ベテラン選手と新人選手では，トレーニング期のコンディション調整にも差が現れ，図 12.5 のようにベテラン選手のコンディションが安定しているにもかかわらず，図 12.6 の新人選手のコンディションはばらつきが大きいことがわかる．

　これらのように，主観的コンディションは，状況によって大きく変化していく．オーバートレーニングの予防には，より頻繁にコンディション測定をする必要があり，そのためには，質問紙による主観的コンディションの測定も有効な手法であると考えられる．

d．客観的測定によるコンディション把握

　客観的にコンディションを測定する方法は，とくに疲労状態を確認することを目的とした測定法として多く報告されている．これらは血液，尿，などの成分を測る生化学的測定[2,8,10]のほか，代謝，筋力，全身反応時間，スポーツビジョン能力などの生理学的測定[1,2,6,8]，またスポーツ現場や身近な環境でも簡単なパフォーマンステストを継続して実行するフィールド測定[1,3,6]などに区分できるものと考えられる．

　生化学的な測定と主観的コンディションを同時に測定している報告として，最近では，ラグビー選手の合宿トレーニング時の POMS と尿中ホルモン（17-ヒドロコルチコステロイド，17-ケトステロイド，テストステロン）を用いてコンディションの推移を調べた報告[10]がある．これによるとトレーニングの強度が高くなる合宿中には，POMS によるネガティブな要因と内分泌機能の低下が関連して現れたと報告しており，POMS の結果をさらに内分泌機能の変化で裏付けてコンディションを把握する手法が報告されている．多角的な生化学，生理学的手法を用いた報告では，漕艇競技において，陸上，水上トレーニング時のコンディションが心拍数，血中乳酸，酸素摂取量，RPE を用いて測定されている[8]．

12. オーバートレーニングの予防

主観的運動強度
20
19　非常に　きつい
18
17　かなり　きつい
16
15　きつい
14
13　やや　きつい
12
11　楽である
10
9　かなり　楽である
8
7　非常に　楽である
6

図 12.1　RPE（主観的運動強度）

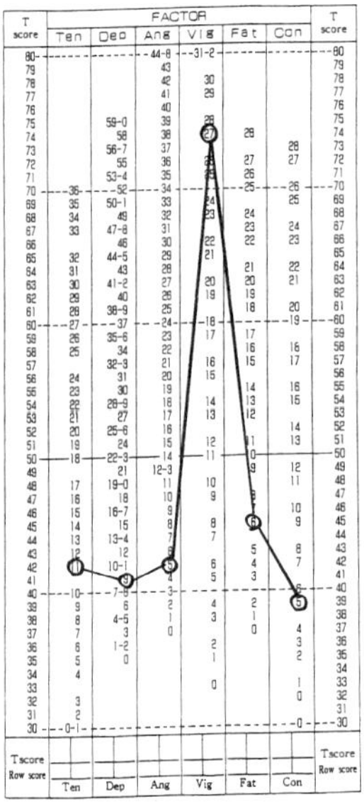

図 12.2　コンディションがよい時のPOMS結果（アイスバーグ型）

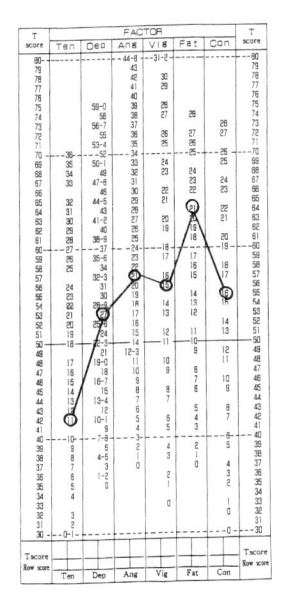

図 12.3　冬季トレーニングキャンプ時の中盤でのPOMS結果

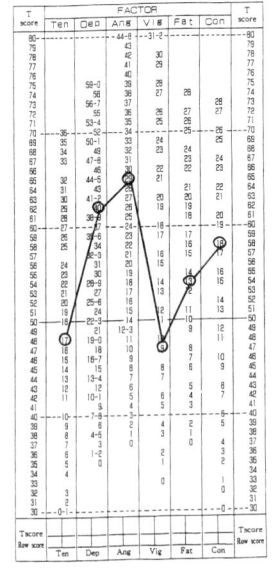

図 12.4　スポーツ障害を持つ選手のPOMS結果

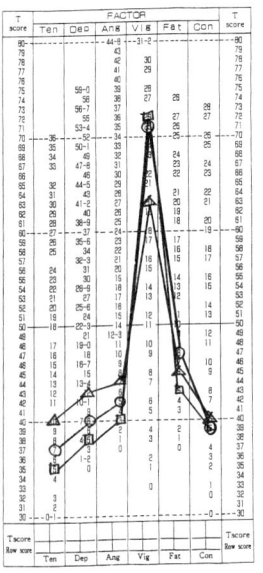

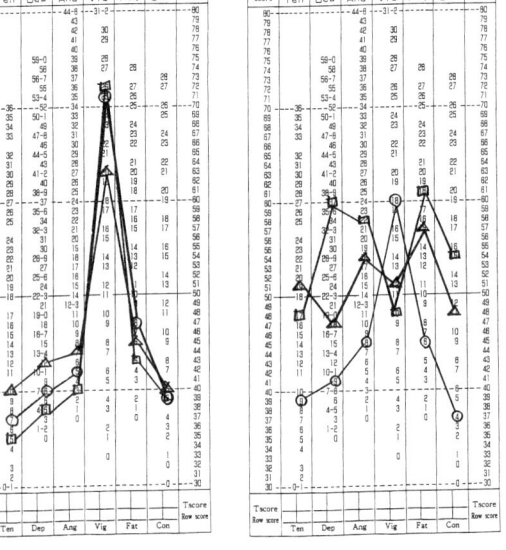

図 12.5　ベテラン選手のPOMS結果

図 12.6　新人選手のPOMS結果

これらの測定をフィードバックすることで，コンディションを把握することができるとともに，各選手の主観的疲労感と生理的強度の異同を確認することにもつながると報告している．また野球選手の冬季トレーニングキャンプ中のコンディション変化を，POMS，全身反応時間，KVA動体視力，バントパフォーマンステストによって測定したところ，合宿中盤，終盤にPOMSによる主観的コンディションは低下したものの，野球競技成績の高い選手では，KVA動体視力やバントパフォーマンスに大きな低下が認められないことを明らかにしたものもある[6]．すなわち，疲労が蓄積することによって体力の低下は著しく現れるものの，野球選手の神経系の能力において，その低下には個人差があり，競技パフォーマンスの高い選手では高く維持できる可能性を報告している．

スポーツ選手が現場で容易にできるコンディションチェックとして，プロサッカー選手のシーズンを通したコンディショニングに関しての情報[3]がある．それによると30m疾走タイム，両足5段跳躍距離，片足交互5段跳躍距離，メディシンボール前方遠投距離，メディシンボール後方遠投距離の5つのテストを毎月1回のペースで行った結果，適切なトレーニング強度の設定に役立ち，オーバートレーニングをおこすことなく1年後に目標の体力水準に高めることができたことを報告している．これ以外には，スポーツ選手の整形外科的メディカルチェックを行い，選手の腰痛と下肢のオーバーユース症候群とに関連がある可能性を明らかにしており，この結果はオーバートレーニングの予防のうえでも，定期的メディカルチェックの重要性を示唆している[5]．

以上のように，客観的な測定によってコンディションの把握が可能であり，これらの実行がオーバートレーニングの予防，競技パフォーマンスの向上につながるものと考えられる．コンディションを客観的に測定するには，それぞれの種目特性に応じた生化学的，生理学的測定，フィールドテストを選択し，科学的にその測定の信頼性と妥当性が確認された方法を用いることが重要である．コンディションの客観的測定には，測定上の技術的問題があるため，スポーツ選手であるか否かを問わず専門家の意見を聞いて進めた方がよい．

実際にコンディションのチェックを始めるには，以下の章に示す，セルフチェック，プライマリチェック，二次チェックの段階を踏んで行い，専門的なチェックが必要となれば前述のような手法を用いることが有効である．

e. 段階的に行うコンディションのチェック

前述の主観的意見によるコンディションの把握,客観的測定によるコンディションの把握の両者を段階的に用いて,セルフチェック,プライマリチェック,二次チェックに分けて,コンディションを把握する方法がまとめられている[12].これによると,セルフチェックとは,コンディションチェックの第一の段階で,個人が自分で自分の状態を日常的にチェックする簡単な方法である.この指標として,心拍数,血圧,体温,平衡機能(閉眼片足立ち,マンテストなど),自覚的コンディション(体調,疲労,睡眠,食欲,技術的調子など),トレーニング内容(強度,時間,量,負担度など),POMSがあげられている.

このうち,心拍数の測定は一般に利き腕の手首の動脈か頸動脈で安静状態の心拍数を測定するものである.安静状態を確保するためには座位姿勢で十分に心を落ちつかせてから測定するべきである.安静時心拍数は概ね50-70拍／分を示す.安静時心拍数がいつもよりも高いまま維持されていたりすると,疲労蓄積など何らかの悪影響がおきている可能性もあり注意が必要である.血圧測定は簡易な血圧測定器が市販されているのでそれを用いるとよい.血圧測定も安静状態で測定されるべきであり,心拍数も同時に測定される.体温測定も同様に安静状態での測定を行う.これらの測定値は,サーカディアンリズムをもつため,安静状態でも1日の間に値が変動する.したがって毎日決まった時間(起床,昼休み,就寝時など)に測定し,その推移を確認していくことが重要である.

平衡機能は閉眼片足立ちであれば簡便に測定できる.閉眼片足立ちも安静状態で行うことが重要である.手を腰に置き,目をつぶってから片足を上げ,片足立ちで姿勢を維持できる時間を測定するものである.2回行っていい方の値をとり記録しておく.平衡機能は視覚入力,前庭,体性感覚などの機能が関係することから,自己のコンディションの悪化などによる神経系の機能の変化を推測することができる.この他,自覚的コンディションやトレーニング内容は毎日記録し,コンディションに普段と異なる変動がおきた際,トレーナーなどによるプライマリチェックを受けるべきである.

プライマリチェック(一次チェック)は,主にトレーナーなどが初期に行うチェックである.この指標としては圧痛テスト(足底部,足甲部,下腿部,アキレス腱部,膝部,腰部など),筋柔軟性,関節柔軟性,尿検査(尿タンパク,潜血,など),コントロールテスト(種目特性にあったパフォーマンステスト),フィッ

ネステスト（有酸素能力，無酸素能力，筋力など）があげられている．これらのテストを定期的に確認していくことでもコンディション調整を行う上での貴重な資料になるものと考えられる．

　二次チェックは，オーバートレーニングや貧血，感染症などの診断や崩れたコンディションのリコンディショニングにおける回復過程をフォローする指標である．オーバートレーニングの診断としては，医師の協力を得て採血を行い，乳酸，アンモニアなどの血液生化学的指標，免疫グロブリンなどの免疫学的指標，テストステロン，コルチゾール，カテコールアミンなどの内分泌指標を確認することが必要である．

　このように，セルフチェック，プライマリチェック，二次チェックによってコンディションを把握できる環境設定があれば，高い確率でオーバートレーニングを予防することができるであろう．少なくとも，選手あるいは一般人がまずセルフチェックを習慣化して行うことが重要で，これにより自分のコンディションの変化が確認でき，異常がおきたときの早期の対策も可能となるであろう．コンディションの良い状態を長く維持するためには，個人のセルフチェックが最善の対策であるようだ．

f．障害が起きた際の回復過程

　オーバートレーニングが原因で障害がおきてしまった場合は，上記の二次チェックに習って医師の力を借りることが望ましい．その際にもセルフチェックにて継続して行ってきたトレーニングやコンディションの記録が役に立ち，専門家から受けるアドバイスもより具体的なものになるであろう．回復過程においても個人でできる対策として上記のセルフチェックを続けていくことが重要である．障害が起きた直後はセルフチェックにて測定した値や個人の自覚的コンディションなども低い値を示すことが考えられるが，その値の推移を記録することは回復過程の段階を把握できることや次に障害を予防するための重要な資料となりうる．

g．超回復をふまえたトレーニング強度の設定

　トレーニングや運動の強度は，負荷の大きさ，頻度で決定される．オーバートレーニングが発生する場合は，このトレーニング強度が高すぎるためにおきることが多い．そのために選手個人にあわせた適切な強度の設定が重要である．

高い強度のトレーニングを行うと，その直後必ず疲労が生じ，身体機能は一時的に低下するが，回復過程において適応が生じ，身体機能の向上が現れる．このように回復過程において身体機能の向上がおこることを超回復と呼んでいる[4,9]．図12.7は，超回復の過程を示しているが，疲労後の回復期に通常のレベルまで回復した後，さらに向上したピーク地点（A）で次のトレーニングを実行すれば，その疲労の後にはさらに超回復のピークが出現することになる．すなわち，トレーニングの頻度はその人の超回復に依存して決定することが望ましいのものと考えられる．オーバートレーニングが出現するときは，トレーニングによる疲労が超回復はもちろん，通常のレベルまでにも回復していない時点（B）で次のトレーニングを行っていることが考えられ，これが続くことで，慢性的に疲労が蓄積し，スポーツ障害を生じることになる．

選手それぞれの超回復の出現は，大きな個人差がある．この個人差は，それまでのトレーニング歴，筋線維タイプなどによる．そのため超回復は，一概にこの強度では何時間後に出現すると断定することは困難である．そこで，トレーニングの後の回復期にも，上記に示した主観的意見によるコンディションの把握，客観的測定によるコンディション把握を行って，超回復に近いポイントを探すことが重要なこととなる．これらの手法をもとに回復期の超回復が明らかになれば，オーバートレーニングを引きおこすことは，まず考えられず，積極的なトレーニング効果を期待することができるであろう．

12.4 まとめ

オーバートレーニングの予防には，選手，個人のコンディションの把握とトレーニングや運動の強度（負荷・時間・頻度など）を決定する技術が必要である．コンディションの把握方法は，主観的意見によるコンディション，客観的測定によるコンディションがあり，段階を追った確認方法として，個人で確認すること

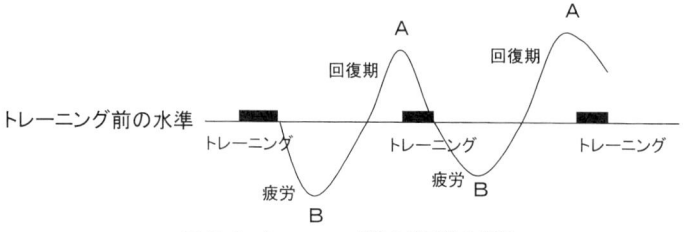

図12.7 トレーニング後の超回復の出現

が可能なセルフチェック，トレーナーによるプライマリチェック（一次チェック），医師の協力の下に行う二次チェックという方法も存在する．トレーニング強度を決定する際には，選手のコンディションを確認しながら，トレーニング疲労の回復過程に現れる超回復のピークを探すことが重要であり，超回復の時点で次のトレーニングを実行すれば，積極的に高いトレーニング効果を期待することができ，同時にそれがオーバートレーニングの予防となりうる．これらの技術を習得し，運動するすべての人々にとって運動による障害がなく，健康的で楽しいスポーツ活動が実践できることが望まれる．　　　　　　　　　　〔前田　明〕

参考文献

1) Foster, C.: Monitoring training in athletes with reference to overtraining syndrome. *Med. Sci. Sports Exerc.* **30** (7): 1164-1168, 1998.
2) Hooper, S. L., et. al: Markers for monitoring overtraining and recovery. *Med. Sci. Sports Exerc.*, **27** (1), 106-112. 1995.
3) 管野　淳，西嶋尚彦：プロサッカー選手のシーズンを通したコンディショニング．トレーニング科学，**8** (2): 43-50，1996．
4) 川原　貴：オーバートレーニング，（スポーツ医学Q＆A，第4版，黒田善雄，中嶋寛之編），金原出版，p. 264-268，1989．
5) 川本竜史，渡会公治：大学運動選手における腰痛と下肢のOVER USE症候群について．トレーニング科学，**8** (3): 89-94，1997．
6) 前田　明，小森康加，芝山秀太郎：冬季トレーニングキャンプにおける社会人野球選手のコンディションの推移．第50回日本体育学会共催シンポジウム大会号，1999．
7) 前田　明：選手のコンディションを把握するためのPOMSテストの有効性．*Baseball Clinic*, **10** (5): 26-30，1999．
8) 中村夏実他：漕艇競技におけるトレーニングのモニタリング．トレーニング科学，**7** (1): 21-28，1995．
9) 尾山末雄：超回復．*Coaching Clinic*, **10** (7): 42，1996．
10) 佐藤真治他：ラグビー部合宿トレーニング時のProfile of Mood Status (POMS) と尿中ホルモンの関係．トレーニング科学，**10** (3): 165-172，1999．
11) 田畑　泉，山本正嘉：主観的運動強度の測定，宮下充正監修，身体運動のエナジェティクス，高文堂出版社，p. 239-241，1989．
12) 和久貴洋：コンディションの把握と管理，日本体育協会編，アスレティックトレーナー専門科目テキスト，第2版，p. 85-102，1999．

13 日焼けの予防

13.1 紫外線傷害の予防は若齢期から必要

　目に見える皮膚の老化は，80％が日光傷害（紫外線の傷害）であるといわれている．若いうちの日焼けは，表面的にはもとに戻るが，皮膚の細胞にはその害が蓄積され，肌の老化が早くなり，中年以降に生ずるしみやしわの原因になるので，若年齢から過度な紫外線暴露を避けることが大切である．

　紫外線傷害のなかで，最も重大な疾患は皮膚がんである．プロゴルファーには，皮膚がんが高率に発生するとの研究報告がある．ただし，それは白人に見られる現象であり，日本人の大多数を占める黄色人種は，紫外線による皮膚がんの危険は比較的小さい．

13.2 皮膚の構造と働き

a．表皮の構造──4週間で入れかわる表皮細胞

　人間の皮膚は，「表皮」「真皮」「皮下組織（皮下脂肪）」の3層からできている．表皮は，最下層の基底層から皮膚表面の角質層までの4層に分けられる．（図13.1）最下層の基底細胞は常に細胞分裂しており，分裂した細胞（ケラチノサイト）は，順次皮膚表面に移動し，細胞分裂後，約4週間で最後はアカとなってはがれ落ちる．

　表皮には，その他に，表皮の最下層にある色素細胞（メラノサイト），アレルギーなど免疫作用をもつランゲルハンス細胞，感覚をつかさどるメルケル細胞がある．皮膚に紫外線があたると，色素細胞は黒い色素（メラニン）をつくる．つくられたメラニンは最下層のケラチノサイトに移行し，そのケラチノサイトは4週間で皮膚表面に移行してアカとなってはがれ落ちるので，紫外線に当たる量が少なくなれば，皮膚の色は徐々に薄くなる．

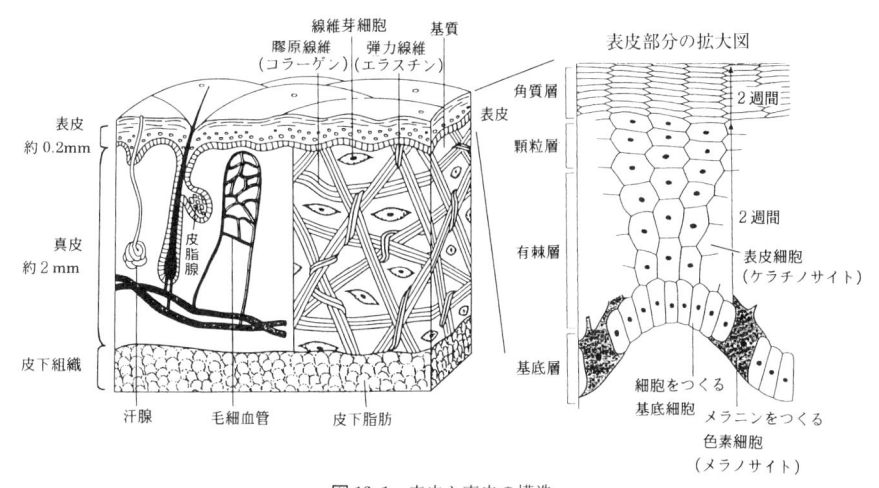

図 13.1 表皮と真皮の構造
（朝田康夫監修：完全図解　美容皮膚科学事典，中央書院，1995 より）

b．真皮の構造——弾力線維などは 5〜6 年で入れかわる

真皮は，コラーゲンから成る膠原線維，エラスチンからなる弾力線維，2 つの線維の間を埋める基質，およびこれらの線維と基質を生成する線維芽細胞でできており，皮膚の弾力性に関わっている．したがって，皮膚の張りや弾力性を維持するためにまず重要なのは，線維芽細胞の働きが活発で，これらの線維や基質が順調につくられていることである．真皮の線維は，5〜6 年で入れかわる．

13.3　紫外線の種類と皮膚への影響

太陽光線は，波長の長い順に，「赤外線」，目で見える「可視光線」，目に見えない「紫外線」，「X 線」に分けられる．

紫外線は，英語で Ultra Violet (UV) といい，波長の長い順に，UVA，UVB，UVC の 3 種類に分けられている（図 13.2）．UVC は波長が短く，大量に浴びれば生命を維持できないが，地上 20〜30 km 上空にある薄いオゾン層で吸収され，通常地表には届かない．地表に届くのは UVB と UVA であり，この 2 種類の紫外線が皮膚にさまざまな影響を及ぼす．

皮膚に対する影響は，UVB，UVA ともに基本的には同じであるが，影響の大きさなどには次のような大きな違いがある．

・UVB は，UVA よりも細胞の遺伝子 (DNA) を損傷する影響が大きい．

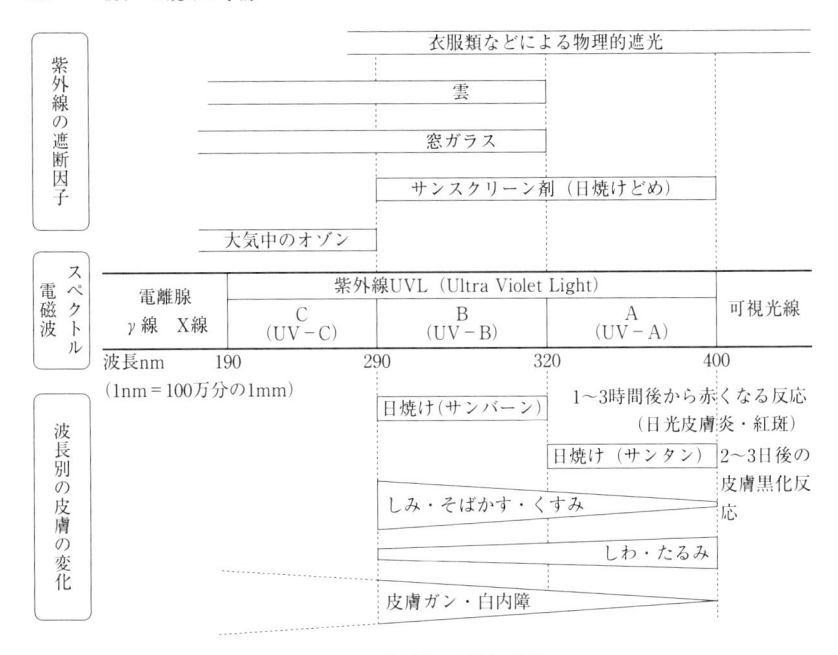

図13.2 紫外線の種類と特徴

UVBの一部は真皮に到達するが，ほとんどは表皮にとどまる．おもに表皮に生ずる「しみ」は，UVBの影響が大きい．
・UVAは，表皮を通り越して真皮に到達する．UVAの主な作用は，メラニン色素の生成としわの原因になることの2つである．メラニン色素は，紫外線（UVB，UVAとも）が表皮の下層に浸透するのを防いでいる．一方，真皮に生ずる「しわ」はUVAの影響が大きいと考えられている．ただし，皮膚のしわは，真皮の膠原線維の変性（コラーゲンの減少，コラーゲン同士の結びつきの増加）や弾力線維（エラスチン）の余分な増加などによっておこるが，UVB，UVAともにその原因となるので，基本的にはUVB，UVAともに過度に浴びることは避けるべきである[1]．

13.4 紫外線による日焼け，サンバーンとサンタン

日光を浴びてすぐに皮膚が赤くなり，時にはひりひり痛んだり，水疱が生ずる日焼けを「サンバーン」（紅斑）という．これは，日光皮膚炎という一種のやけどである．これとは別に，日光に当たった2～3日後に皮膚が黒化する日焼けを

「サンタン」というが，これは，UVAによりメラニン色素が増えて皮膚が黒くなった状態であり，本来の日焼けである．

おもにUVBによって生ずるサンバーンは，血管が拡張して炎症をおこしている状態である．人生で，痛みをともなうサンバーンに6回以上なった者は，皮膚ガンになる確率が3倍高いといわれている．日頃，日にあたらず，表皮にメラニン色素が少ない色白の状態で，急に過度に日焼けすることは，できる限り避けるべきである．

13.5　紫外線の放射特性（日内変動，季節差など）

紫外線の害の大きさは，紫外線の線量（照射量×時間）によって決まる[2]．紫外線の照射量は，季節，日内変動，天気，地域によって異なるが，とくに，皮膚障害の大きいUVBの照射量は，UVAより大きく変動する[3]．

直射日光を浴びなければ紫外線の影響を受けないわけではない．曇りの日でも快晴の日の50～60％，雨の日でも30％前後の紫外線を浴びているので，紫外線照射量の多い季節や時間帯は油断できない．

照射量は5月の時点ですでに1月の約5倍になり，その後9月～10月まで真夏とほとんど変わらない．日本での平均的な紫外線対策は，夏季は9時から15時まで，春と秋は10時から13時まで行うのが望ましいであろう．ただし，雪の反射による紫外線対策は別途行う必要がある．

13.6　日焼け予防の原則，方法，注意点

a．日焼け予防の原則

日焼け予防は，まず赤く腫れるような焼き方をしないことが原則であるが，日焼けの予防には次の3つの方法がある．

① 　強い紫外線に当たることの回避
② 　衣服などによる物理的な遮光
③ 　サンスクリーン剤（日焼けどめ）による防御

サンスクリーン剤には，紫外線を散乱する二酸化チタンが広く配合されているが，二酸化チタンはアレルギーの原因になる危険がある[4]．また，紫外線吸収剤として使われているパラアミノ安息香酸エチルも肌に刺激性がある[5]．したがって，紫外線による日焼けを避けるために，安易にサンスクリーン剤に頼るべきで

はない.

　紫外線の多い時間帯には屋内で過ごす，屋外に出るとしても傘，帽子，長そでのシャツや長ズボンを着用することを優先する．これが肌に優しい紫外線防御の原則である．布地は厚く，素材は綿よりポリエステル，色は濃いめが紫外線の遮断効果—布地などが紫外線を吸収・散乱する効果が大きい．帽子のつばが7 cm以上あれば直射の50%以上をカットすることができ，つばを全周にすればUVカット効果はさらに上がる[3]．

b．サンスクリーン剤（日焼けどめ）の使い方
1） 生涯にわたる紫外線被爆の影響

　加齢にともなう皮膚の老化は避けられないが，紫外線による皮膚の老化（光老化）をさけることは，理論的には可能である．しかし，どの程度太陽光を避ければ光老化を予防できるか，それは現時点ではまだ解明されていない[6]．したがって，サンスクリーン剤をどのように使うのが理想的か，その決定的な理論はまだ無いのが現状である．紫外線の影響をできるかぎり防ぐべきだと考える専門家，紫外線のよい点を考慮すべきだと考える専門家，紫外線の影響を防御するからだの機能を高めるべきだと考える専門家[7]，それぞれの基本的なスタンスの差によって紫外線対策の主張は異なっている．ここでは，平均的なサンスクリーン剤の使い方についての考えを述べることにする．

2） UVBカットのサンスクリーン剤が主役

　UVAには，しわの原因になるという短所があるとしても，紫外線が表皮下層より下に浸透することを防ぐために必要なメラニン色素をつくるという長所がある．したがって，陽射しの強い時は別として過度にUVAを避ける必要はない．

　一方，UVBは遺伝子損傷が大きいのでその浸透はなるべく避けたい．このような理由で，サンスクリーン剤はUVBカットのものが中心になっている．

　UVBカットの効き目は，商品に表示してあるSPF（Sun Protection Factor）の数値を参考にして判断する（詳細後述）．

3） UVAカットのサンスクリーン剤

　陽射しが強ければUVAをカットするサンスクリーン剤を使用する．UVAをカットすれば，メラニン色素の生成を防ぐことができるので，美容のための色白を目的に使用できる．

UVAカットの効き目は，商品に表示してある PA（Protection grade of UVA）を参考にして判断する．PA には，UVA カットの最も弱い PA^+，次いで PA^{++}，最も強い PA^{+++} の3種類がある．

4） サンスクリーン剤使用の目安
- 外出時間がわずかの場合—SPF 10 前後，PA^+ で十分
- 長時間戸外で過ごす場合—SPF 20 前後，PA^{++}
- 炎天下戸外で過ごす場合—SPF 30 前後，PA^{+++}

なお，海水浴やスポーツでは耐水性が高く，さらに SPF の高いサンスクリーン剤が有効であり，厚めに，また，まめに塗り直す．

5） 使用後は洗い落とす

サンスクリーン剤は皮膚にとっては異物である．皮脂腺がつまる危険もあるので，屋内ではしっかり洗い流すことが健康肌に大切である．

13.7 紫外線の影響における個人差

紫外線被爆に対する皮膚の反応には大きな個人差がある．病的に日光に過敏な人は，皮膚科医と相談して紫外線対策をすることが大切であるが，病的とはいえなくても，紫外線に弱い人がいる．一般的に，日光にあたったときに，赤くなるけれども黒くはならない色白の人は，紫外線傷害を受けやすく，深いしわができやすいこともわかっており[1]，より慎重な注意が必要である．

13.8 皮膚の健康は心身の健康から

皮膚は内臓の鏡といわれている．良好な血液循環，よいホルモンバランスといった心身の健康が皮膚の健康の土台である．日焼けの予防を考える際もこのことを無視してはいけない． 〔生山 匡〕

参 考 文 献

1) 正木 仁：紫外線による真皮の傷害：コラーゲン，エラスチンの生合成と分解．日本香粧品科学会．第24回学術大会講演要旨，p. 19-22, 1999.
2) 和田 攻：現代皮膚科学体系 2 D, p.165, 中山書店, 1984.
3) 佐々木政子：紫外線環境と計測．日本香粧品科学会誌, **22** (2)：102-110, 1998.
4) 体験を伝える会 添加物110番編：食品・化粧品危険度チェックブック, P.219, 情報センター出版局, 1996.
5) 体験を伝える会 添加物110番編：食品・化粧品危険度チェックブック, p.219, 情報センター

出版局, 1996年.
6) 市橋正光:高SPF製品を考える—良い点,悪い点;皮膚科医の立場から—. 日本香粧品科学会, **22** (2):124-128, 1999.
7) 近藤宗平:生物の進化と環境適応—光は生命なり—. 日本香粧品科学会誌, **22** (1):27-34, 1998.

14
ケガの予防

　トレーニングを習慣づけることは，体力を向上させ，健康なからだをつくり，活力のある日常生活やスポーツ活動の向上にもつながっている．ところが，突発的なケガやストレスのくり返しにより発生する障害等は，予測ができない．ケガや障害が発生すると，トーニングによって獲得した体力や技能が試合で発揮できないばかりか，みるみるうちに体力は低下してしまう．同じ動作，強度，頻度のトレーニングでもケガをする人とそうでない人がいることを考えてみると，何かケガをする原因があり，そのあたりを改善することで，ケガの予防につながることが考えられる．

　ケガをしないからだづくりは，技術の向上にもつながる点を理解し，ケガの予防に積極的に取り組む必要がある．

　ケガを予防するには，1) ケガや障害につながるような背景となる原因を理解し，2) 弱い部分や不安な部分がある場合には，それを改善することが重要である．

14.1 トレーニング時のケガや障害につながる原因

　トレーニング時のケガや障害の発生原因として考えられる因子は，以下の通りである．

① **不規則な生活習慣**（不規則な睡眠習慣や食事習慣）

　睡眠不足と過食や拒食などの偏食は，体調を崩す原因となる．

② **意欲の低下と精神的に不安定な状態**

　無気力や集中力が低下した状態での活動は，動作の正確性を失い，さらに反応の遅れを生じ，ケガにつながりやすい．

③ **全身的な疲労感**

　病気や過労時は，体力の低下や免疫力の低下がおこり，回復直後の動きづらい

状態で疾病前と同じ活動を行おうとするとケガや障害の原因となる．

④ 筋力，筋持久力の不足，筋拘縮や筋疲労からくる筋柔軟性の低下

病気やケガによる長期臥床後や普段から運動不足気味の場合，筋力や筋持久力の低下がみられる．とくに，オーバートレーニング（過負荷）による筋疲労やオーバーユース（過使用）による循環障害がみられる場合には，筋力，筋持久力の低下に加え，筋柔軟性の低下や反応時間の遅延もみられる．

⑤ 関節の機能異常からくる関節可動範囲の制限や動揺性

関節の機能異常は，遺伝的要因，環境的要因，ケガの後遺症などにより引きおこされる．このような状態での活動は，局所の関節や筋・腱のストレスを増大させ，ケガや障害を発生させる原因となる．

⑥ 骨格の配列異常（扁平足，O脚，X脚，円背など）

骨の配列異常は，運動時に関節（靱帯など）や筋・腱の局所的なストレスを増大し，ケガや障害の原因となる．原則的に医師の診断を受けることが必要であるが，治療を必要としない場合には，ストレスのかかりやすい部位を把握することが，アフター・ケアの方法を決める上で重要なポイントとなる．

⑦ 運動神経系の反射機能遅延

感覚受容器―情報伝達系―情報指令系―運動器系の情報伝達速度や反射機能が低下する．

筋柔軟性：筋肉の特性としては，興奮（収縮）と抑制（弛緩）があり，これによって筋肉全体が縮んだり伸びたりする．このような筋肉の伸縮性は，個人，部位，体調などの内的要因や気温や湿度などの外的要因により異なる．また，適度なトレーニングを行っている人の筋肉は，筋肉中に十分な栄養（エネルギー源）を含み，伸縮性に富んでいる．さらに，筋肉は，ウォームアップなどで温度を上昇させると伸張性が増加するが，過度の運動負荷にる疲労物質（乳酸など）の蓄積や，急激な減温（冷却），熱中症などによる過剰な温度上昇，発汗に伴う脱水状態や長期的な運動不足状態（病気による長期臥床など）により筋肉中の血流量が低下すると，伸張性が低下する．このように多様な状況下で筋肉は，伸張性に富んだ柔らかい筋肉であったり，伸張性に乏しい筋肉であったりすることから，筋柔軟性と定義している．

14.2 ケガを予防するための注意点

a．準備運動や整理運動の不足

体力トレーニング時の準備運動は，筋・腱，関節軟部組織などの運動器の血液

循環を高め，情報伝達系（固有受容器―神経―運動器）の働きをスムーズにする．準備運動不足は，これらの働きが不十分な状態でトレーニングをはじめることになり，ケガや障害の発生原因となる．また準備運動は，気候条件（天候，気温，湿度，気圧など）やウエアー，実施場所などによっても影響を受けるので，それらの環境因子も考慮に入れて行うことを忘れてはならない．準備運動が十分であるか否かは，準備運動後に軽く動作を行い，いつもの動きと比較することが大切である．動きにくい場合には，準備運動の時間を延長したり，トレーニング内容（強度，頻度，時間など）を調整することが必要である．

　体力トレーニング後の整理運動は，運動によって高まった呼吸循環器系（呼吸状態や心拍数など）の応答を安静状態に戻し，疲労部位の確認や疲労物質の早期代謝を手助けする重要な役割をもっている．整理運動が不十分な状態では，身体の諸機能が安静状態に戻るまでの時間が遅延したり，疲労回復が遅れたり，翌日のパフォーマンスに影響を及ぼすことがある．整理運動は，筋肉の伸張性や関節の可動性（自動や他動運動の範囲）がトレーニング前と同じであるか，違和感などがないかを確認し，十分に時間をかけて行うことが大切である．

b．トレーニング方法の誤り

　スポーツ技術の向上には，それを支える身体各部位の機能向上トレーニング（基礎トレーニング）が必要である．しかし，機能向上トレーニングをせずに技術トレーニングばかりを重視すると，技術の修得が遅れるばかりか，ケガや障害の発生原因となる．機能向上トレーニングの必要性については，コーチや専門家に十分な相談を行い，正しいトレーニング方法の習得が望まれる．

c．適切な靴，ウエアー，用具等の選択と使用施設の整備

　トレーニング時のスポーツシューズやウエアーが運動（競技種目）に適しているか，その日の実施場所や気候（温度，湿度）に適したものか，用具が自分に合ったものを選択しているかは，トレーニング時の効果を上げるために重要である．適切なスポーツシューズやウエアー，用具でのトレーニングは，動きやすさを生み，ケガの予防にも重要な因子となる．また，使用するコートやグラウンドの整備をすることもケガの予防につながる．

14.3 ケガや障害の予防と解消

a. 柔軟性の向上や筋肉のリラクゼーションを目的とするストレッチング

柔軟性の向上は，関節可動範囲を広げ，動きやすい状態をつくり出す．

1） 静的ストレッチング

ストレッチングは，柔軟性の促進，神経—筋の反応（興奮や抑制）を高め，血流の促進による疲労回復などの効果が得られる．方法としては，筋肉をゆっくり伸ばし，痛みのない可動範囲内で20～60秒間保持する（6章，20章参照）．

2） 動的ストレッチング（PNFテクニックを引用）

動的ストレッチングとしてPNFテクニックを引用したパートナーストレッチングがある．筋肉は，興奮と抑制が交互に働くという生理的現象（相反神経支配）があり，この筋肉の特性を利用して，筋の伸張性を高める方法がある．

ホールド・リラックス　痛みのでない位置まで関節を動かし，筋肉をストレッチ（伸張）する．パートナーは，その位置で動かないように保持し，実施者が伸ばされている筋肉（主動筋）を最大等尺性収縮（アイソメトリック・コントラ

（a） ホールド・リラックス
図のように筋肉が伸びた位置で3～7秒間のアイソメトリクスを行い，その直後におこるリラクゼーションを利用して柔軟性を向上させる方法である．

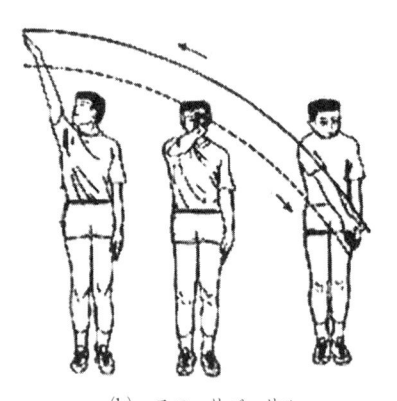

（b） スローリバーサル
図は，PNFテクニックの中でスローリバーサルというテクニックである．パートナーが徒手的な抵抗を加えながらゆっくりとした等速性収縮を関節可動範囲内でくり返し行うもので，拮抗筋側から行うことで，主動筋の収縮力が高まる．

図14.1　動的ストレッチング（PNFテクニック）

クション：3〜7秒間）させる．最大等尺性収縮をやめた直後に，筋肉には最大のリラクゼーションがおこり，伸張性が高まる．つまり，「筋肉は，最大等尺性収縮（アイソメトリック・コントラクション）の直後に最大のリラクゼーションがおこる」という生理学的な現象を利用したものである．（図 14.1 a）

スロー・リバーサル　痛みのでない関節運動範囲（屈曲位と伸展位）を確認し，ゆっくりと交互性（屈曲と伸展）の等速性運動をくり返し行うテクニック．拮抗筋を最大収縮させている際は，主動筋のリラクゼーションがおこり，逆に主動筋を最大収縮させている際には，拮抗筋のリラクゼーションがおこる（屈曲する筋肉を主動筋とした場合，伸展する筋肉が拮抗筋となる）．また，リラックスした筋肉は，その直後に収縮力が高くなるという利点もある．つまり，「拮抗筋の随意収縮の直後に主動筋の興奮性が増大する（継時誘導の原理）」という生理学的な現象を利用したものである（図 14.1 b）．

b．弱い部分（筋肉）の補強トレーニング

関節を動かす大きな筋肉のまわりには，回旋運動などの複雑な動きの補助として働く筋群がある．単純な関節の屈曲と伸展だけでなく，負荷を軽くし，回旋運動を複合させた屈伸運動を行うことで弱い筋肉の強化につながる（チューブやダンベルを使ったトレーニング（図 14.2））．

c．足底の感覚を高めるトレーニング

足底は，立位動作（歩行や走行を含む）中の床や地面の状況を即座にキャッチするためのセンサー（感覚受容器）が豊富であり，正確な情報を即座に伝えることにより，反射的に動作がおこる．足底の感覚を高めることは，足関節や膝関節周囲筋の協調性を高める上で重要な役割をもっている．

主なトレーニングとしては

① 足底のセルフ・マッサージ（図 14.3）
② 足趾や足全体を使ったタオルギャザリング（図 14.4）や足底でのボール・コントロールなど．

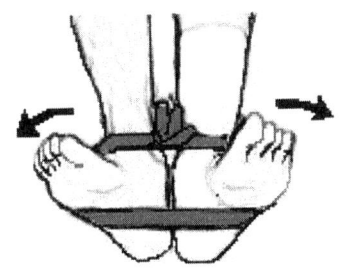

図 14.2　チューブの弾力性を利用したトレーニング
運動の方向性が重要な場合などには，チューブを利用したトレーニングが効果的である．

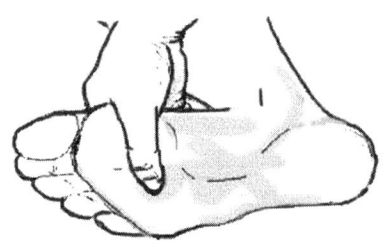

図14.3　足底のセルフマッサージ
足底のアーチを形成する踵から指先へ走行する筋肉と足底からふくらはぎの方へ走行する筋肉があり，それらをイメージして図内の塗りつぶした部分をもみほぐす．

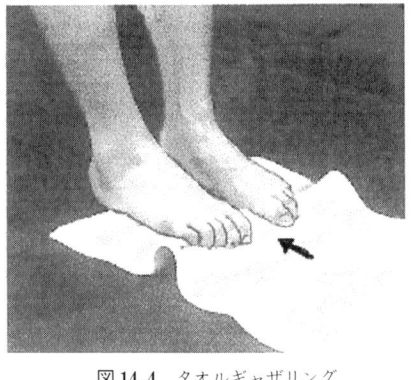

図14.4　タオルギャザリング
図のようにタオルを足の指と足底でかむことで，足底の感覚を高めることができる．

③砂地を歩く．

などがある．

d．協調性の向上トレーニング

荒れたグラウンドや滑りやすいコートなどでのスポーツ活動では，足首を捻るなどのケガをおこしやすい．そのような不意な状況下では，即座に対応できる神経-筋の協調性を高めることが必要であり，捻挫などのケガの予防につながる．方法としては，片足をバランス板に乗せ，板を水平に保持するように努力させ，次に対角線で交互性の抵抗を加えた状況下でも板を水平に保持させる．また，体幹の反応を高めるために，バランスボールに乗り，不意な抵抗に対しても姿勢（床に垂直）を保持させるようなトレーニングを行う（図14.5 a, b）．

① バランス板を用いた足・膝関節の協調性トレーニング（捻挫の予防）
② バランスボールを使った姿勢反射（立ち直り反射）を向上させるトレーニング
③ PNFテクニック

PNFテクニックは，徒手的に関節を刺激（牽引と圧縮）し，抵抗を加えながら運動の方向性など，協調性のとれた動作を導き出すことができる（図14.2 a, b. を参照）．

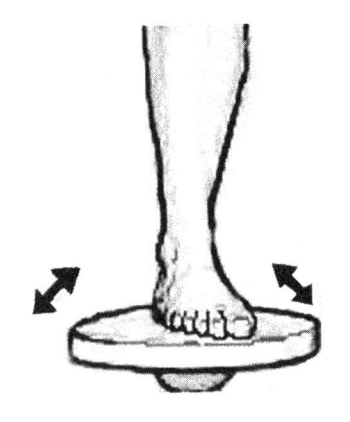

(a) 図のようにバランス板に片脚を乗せ，右前・左後ろ，左前，右後ろ，前・後・左・右などの対角線の組み合わせで，交互性の抵抗を加える．抵抗に抗してバランス板を水平に保持するように努力させることで，不意な状況下で即座に反応できる協調性を向上させる．このトレーニングによって足首や膝の捻挫を予防することができる．

(b) バランスボール
バランスボールに腰掛け，体幹でバランスをとり，姿勢の安定性や反射機能を高める．

図 14.5 協調性トレーニング

e．テーピングによる保護

トレーニング時の不安のある身体局所にテーピングを施行することにより，関節運動の制限や筋運動の補助が可能となり，ケガを予防することができる（図 14.6）．

f．トレーニング時のケア

トレーニングの直後に有酸素性運動（ウォーキングやジョギングなど）とストレッチングを行い，疲労の回復を図る．局所的な違和感（張りや慢性的な痛みなど）があ

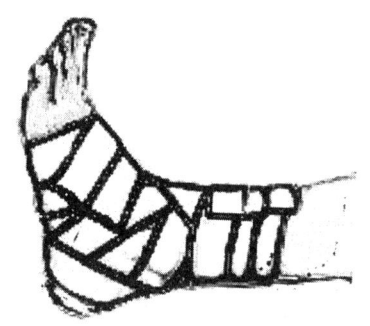

図 14.6 テーピングによるケガの予防
テーピングにより，あらかじめ不安定な関節の運動制限を行い，捻挫等を予防する．

る場合には,すぐにクライオセラピー(冷却療法)を実施する.クライオセラピーには,関節のケアとしてクライオキネティックス(氷冷と関節モビリゼーション)と筋・腱のケアとしてクライオストレッチ(氷冷とストレッチング)がある.その目的は,冷却による痛み等の軽減,冷却後のエクササイズによる局所の血行促進,冷却後のエクササイズによる神経-筋の協調性を早期に改善させることである.身体の疲労部位は,安静(固定)時間が長くなることで回復が遅れ,違和感を感じる部位だけでなく,その周辺組織まで動きにくくなる.この状態を改善するための方法としてクライオセラピーがある.

クライオセラピーとは,局所のアイシング(氷冷)を行い,皮膚の感覚がなくなるまで(15~20分間)継続する.次に感覚が回復するまで約3分間のエクサ

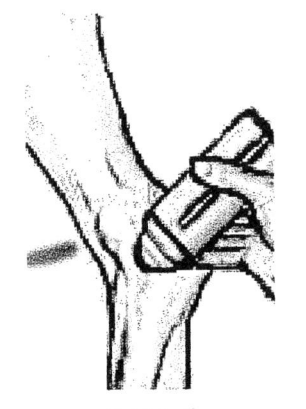

図14.7 疲労部位のクライオセラピー(冷却法)
図は,トレーニングによって疲労を起こした部位のクライオセラピーである.まず,局所的に疲労部位の氷冷を行う(軽く触れたときに皮膚の感覚が感じなくなるまで15~30分間冷やす).次に関節周囲筋と自動運動と抵抗運動(徒手抵抗またはチューブ等による抵抗運動)を約2~3分間実施.これを3~5セット程度行う.ただし,2回目以降の氷冷は約3~5分程度と短くなる(1回目の冷却効果が残っているために氷冷時間は短縮される).抵抗運動については,痛みを感じない範囲内で負荷量(関節の可動範囲,強度,スピード等)を漸増的に高めていく.また,抵抗運動の最後にバランス板を用い,対角線上に交互性の抵抗や不意な抵抗にも反応できるトレーニングを組み合わせると,さらに効果的である.

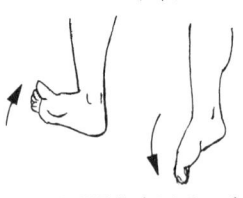

アイシング

自動運動(アクティブ・エクササイズ)

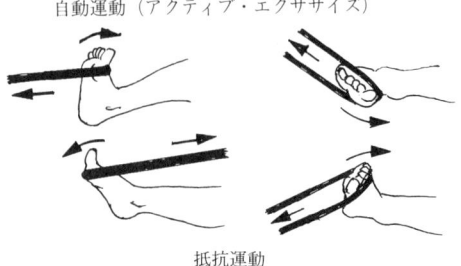

抵抗運動

協調性トレーニング

サイズ（関節の自動運動，抵抗運動，漸増負荷運動）を行う（図14.7）．さらにアイシング（2回目以降は3〜5分間）とエクササイズを3〜5セットくり返し行う．最後に感覚が無くなるまでアイシングを行う．また，翌日になっても疲労（筋肉痛）などの違和感がある場合には，ウォームアップ前にクライオセラピーを取り入れる．この際のクライオセラピー（最後のアイシングを行わない）は，局所的な血管の拡張（冷却で収縮した血管にその後に起こるリバウンド現象を利用）による血流量の増加により，疲労回復を促進させる目的がある．これによって局所の違和感が軽減し，動きやすくなる（図14.7）． 〔吉田弘法〕

参 考 文 献

1) 真島英信：生理学（改訂第17版），文光堂，1978．
2) 石河利寛訳：新版 運動の生理学，ベースボール・マガジン社，1976．
3) 伊藤 朗：図説・運動生理学入門，医歯薬出版，1990．
4) 伊藤 朗：図説・運動生化学入門，医歯薬出版，1987．
5) 市川宣恭編集：スポーツ指導者のためのスポーツ外傷・障害（改訂第2版），南江堂，1992．
6) 福林 徹編集：スポーツ外傷・障害とリハビリテーション，文光堂，1994．
7) 細田多穂・柳沢 健編集：理学療法ハンドブック，協同医書出版社，1986．

15

飲酒, 喫煙と体力低下

15.1 飲　　酒

　わが国には1日平均150 ml以上の純アルコールを飲む人が200万人以上もいるとされている．アルコール飲料は人間関係の潤滑油として，あるいはストレスを和らげる薬物として私たちの生活に定着している．ところが一方ではアルコール飲料は他の飲料とは違った特徴をもっていて，そのために健康をそこねたり，アルコール依存を形成したり，酒酔い運転によって交通事故をおこしたり，犯罪を誘発したりしてしまう．二日酔いによる学習の阻害や生産性の低下もしばしば見られる．したがって飲酒の危険性を抑えて適正な飲酒を行うことが生活上重要な問題となっている．

　アルコールは中枢神経の抑制作用をもつので心身の解放感を与えてくれる．しかし過剰に飲酒すると効果がなくなるばかりか臓器障害や代謝異常をおこす．

　飲んだアルコールの約20%は胃から，約80%は小腸から吸収され門脈を通って肝臓に運ばれる．尿や汗，呼吸からは数%しか排泄されず大部分は肝臓で酸化される．アルコールは水や油によく溶けるので体内では急速に拡散する．1時間に12 g（清酒0.5合）の飲酒では生体内のアルコール代謝量に近いので血中アルコール濃度はおおよそ一定に保たれるが，もし24 gを飲酒したとすると血中アルコール濃度は急上昇する（図15.1）．

　血中アルコール濃度が0.05%をこえるとほろ酔い状態となり，0.15%をこえると酩酊状態となり，歩行障害，嘔吐などをおこし，0.4%をこえると呼吸麻痺などによる死の危険が高まる．「一気飲み」による死亡は急性アルコール中毒の典型である．また，長期にわたって習慣的に大量に飲酒するとアルコール性肝障害をおこして肝硬変や肝ガンのもととなる．脂肪肝は男では1日80 g以上，女では1日20 g以上の飲酒で発生し，1日210 gを22年間飲み続けると肝硬変

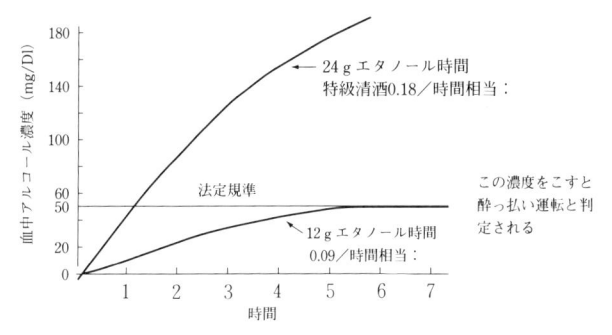

図 15.1 飲酒の速度と血中アルコール濃度との関係（体重 70 kg として）

の発生率は 50%，33 年間で 80% も高くなる．

アルコールは少量の飲酒でも中枢神経，とくに思考や判断を司る大脳新皮質の機能を低下させるので，スポーツや運動を行う前に飲酒すると重大な事故や傷害を誘発することがある．さらには，新皮質によって制御されていた本能行動や情緒を司る旧皮質が解放されるので爽快感を覚えるが，かえって多量の飲酒を重ねやすくなり，血中アルコール濃度が高まるにつれて運動中枢である小脳の機能が低下するので，運動はもちろんのこと歩行もできなくなる．スポーツ後に飲むアルコールは，疲労感を忘れさせ，爽快感を増大させる効果があるが，習慣性の飲酒に陥らないよう上手に利用しなければならない．適量には大きな性差，個人差があることも知らねばならない（表 15.1，表 15.2）．

15.2 喫　　煙

たばこが健康や体力に及ぼす影響については 1950 年代からの研究でその全容

表 15.1　アルコールの害

身体的影響	精神的影響	社会的影響
・麻酔や薬が効きにくい．	・アルコール乱用	・事故や犯罪をふやす．（交通事故，暴行，けんか，殺人，放火，性犯罪など）
・胃・十二指腸潰瘍	・アルコール依存症	
・肝臓やすい臓の病気	・アルコール精神病	
・心臓の病気	・自制力が低下する．	・仕事や学習の能率低下（事故，欠勤，サボるなど）
・肥満や栄養失調	・判断力がにぶる．	
・いろいろなガンの危険	・反射神経がにぶる．	・家庭内の問題（子どもの虐待，夫婦間の暴力，借金，離婚など）
	・脳障害をおこしやすい．	

表15.2　久里浜式アルコール症スクリーニングテスト（KAST）

最近6か月間につぎのようなことがありましたか.	答え	点数
1　酒が原因で，人間関係にひびがはいったことがある．	はい いいえ	3.7 −1.1
2　今日だけは酒を飲むまいと思っても，つい飲んでしまうことが多い．	はい いいえ	3.2 −1.1
3　周囲の人（家族，友人など）から，大酒飲みだと非難されたことがある．	はい いいえ	2.3 −0.8
4　適量でやめようと思っても，つい酔いつぶれるまで飲んでしまう．	はい いいえ	2.2 −0.7
5　酒を飲んだ翌朝に，前夜のことをところどころ思いだせないことがある．	はい いいえ	2.1 −0.7
6　休日にはほとんどいつも朝から酒を飲む．	はい いいえ	1.7 −0.4
7　二日酔いで仕事や学校を休んだり，大事な約束を守らなかったりしたことが，ときどきある．	はい いいえ	1.5 −0.5
8　糖尿病，肝臓病，または心臓病と診断されたり，その治療を受けたりしたことがある．	はい いいえ	1.2 −0.2
9　酒が切れた時，汗がでたり，手がふるえたり，いらいらや不安など，苦しいことがある．	はい いいえ よくある	0.8 −0.2 0.7
10　商売や仕事，つきあいの必要で飲む．	時どきある ない	0 −0.1
11　酒を飲まないと寝つけないことが多い．	はい いいえ	0.7 −0.1
12　ほぼ毎日，3合（ウイスキーなら$\frac{1}{4}$本，ビールなら大3本）以上の晩しゃくをしている．	はい いいえ	0.6 −0.1
13　酒のうえでの失敗や，警察のやっかいになったことがある．	はい いいえ	0.5 0
14　酔うといつもおこりっぽくなる．	はい いいえ	0.1 0

◆判定
◆採点のしかた＝全部の質問に答えて，その合計点をだしてください．

総合点	判　　定
2点以上	きわめて問題が多い
0〜2点未満	問題あり
−5〜0点未満	まあまあ正常
−5点以下	まったく正常

（一部改訂）

が明らかになっている．たばこにはわかっているだけでも4000種以上の化学物質が含まれており，発がん性が証明されている物質だけでも200種を超えている．その煙にはニコチン，種々の発がん物質・発がん促進物質，一酸化炭素，種々の線毛障害性物質，その他の多種類の有害物質が含まれているので，喫煙によって心悸亢進などの循環器系に対する急性影響がみられるほか，喫煙者では肺がんをはじめとする種々のがん，虚血性心疾患，慢性気管支炎，肺気腫などの閉塞性肺疾患，胃・十二指腸潰瘍などの消化器疾患，その他種々の疾患リスクが著しく増大する．妊婦が喫煙した場合には低体重児，早産，妊娠合併症の率が高くなる．また，受動喫煙により肺がん，虚血性疾患，呼吸器疾患などのリスクが高

くなることも報告されている．低ニコチン・低タールたばこの喫煙によってリスクは軽減されるが，肺がん，虚血性心疾患などのリスクは非喫煙者に比べるとはるかに高い．わが国では嗅ぎたばこや噛みたばこなどの無煙たばこは普及していないが，外国では噛みたばこの使用によって口腔がんのリスクが増大したり，嗅ぎたばこの口腔内使用により口腔がんの前がん病変率が高くなることが報告されている．わが国の20歳以上の喫煙率は男性56.1%，女性14.5%である．男性では減少傾向にあるとはいえ（表15.3），他の先進諸国に比べて高率である（表15.4）．一方，女性の喫煙率は他の先進諸国と比べて低率であり，全体でみると横ばい傾向であるが，20歳代，30歳代の若い女性の喫煙率が近年増加している傾向にある．

たばこ煙中に含まれている有害物質のうち，生理的に影響を及ぼす主な物質は粒子相に含まれているニコチンと気相に含まれている一酸化炭素（CO）である．ニコチンの薬理作用により中枢神経系の興奮が生じ，心拍数の増加，血圧上昇，末梢神経の収縮などの心臓・血管系への急性影響がみられる．COは赤血球のヘ

表15.3 わが国の喫煙者率の年次推移（単位：%）

	昭和40年(1965)	45('70)	50('75)	55('80)	60('85)	平成2('90)	7('95)	9('97)	10('98)
男	82.3	77.5	76.2	70.2	64.6	60.5	58.8	56.1	55.2
女	15.7	15.6	15.1	14.1	13.7	14.3	15.2	14.5	13.3

表15.4 喫煙状況の国際比較

	成人喫煙率（%）		15歳以上（1人当たり年喫煙本数）		
	男	女	1970-72	1990-92	増減（%）
日本	56.1	14.5	2950	3240	10
アメリカ	28	23	3700	2670	△28
イギリス	28	26	3250	2210	△32
イタリア	38	26	1800	1920	7
カナダ	32	29	3910	3910	△35
ドイツ	37	22	2430	2360	△3
フランス	40	27	1860	2120	14
ロシア	67	30	…	…	

資料）1）日本たばこ産業株式会社，2）米国厚生省，3）世界保健機関（WHO）

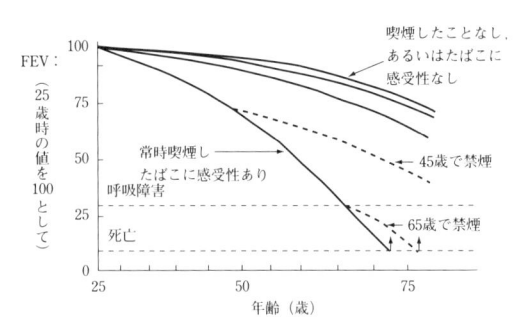

図15.2 喫煙有無の下での呼吸機能の年齢変化の模式図

モグロビン（Hb）と結びつき，CO-Hbを形成し，酸素運搬能を阻害する．

常習喫煙者ではニコチンの薬理作用により，精神神経機能の促進と抑制という二様の急性効果をもたらし，知的作業能率についても上昇と低下の相反する成績が報告されている．

図15.2は喫煙と呼吸機能の関係を示している．

この図で1秒量に示される呼吸機能は喫煙をしなくても年齢とともに低下するが，感受性のある個体が喫煙すると，この低下は促進されてやがて呼吸障害にいたる．途中で禁煙すると機能は回復しないが，その後の機能の低下速度は非喫煙の場合と同程度になり，呼吸障害の発現を遅らせ得るという．

喫煙は呼吸器をはじめとして循環器，消化器，神経・感覚器を侵し，骨粗鬆症や体液性免疫の低下，老化の促進の原因ともなる．さらには，受動喫煙によっても肺がん，虚血性心疾患，肺機能障害のリスクが増大するといわれている．スポーツ，運動を行う者にとってはトレーニングはまず非喫煙からである．

〔大澤清二〕

参 考 文 献

1) 大澤清二・岡田加奈子：すぐに役立つ保健シリーズ　タバコとお酒の害，ポプラ社，1995．
2) 厚生省保健医療局：我が国のアルコール関連問題の現状，原健出版．1993．
3) 厚生省：喫煙と健康（第二版），健康・体力づくり事業財団，1997．
4) Fletcher, C. et al.: The natural history of chronic brochitis and emphysema, Oxford University Press, 1979.

IV 女性の体力づくり

16

月 経 と 運 動

　女性と男性のからだには生来的な相違があり，その最も顕著な例が生殖機能である．思春期に始まる月経は個人差の大きい現象であり，月経にともなう心身の変化は多様である．ここでは月経のしくみとそれにともなう身体の変化を正しく理解できるようにし，その上で，運動実施にあたって考慮すべき月経関連の問題を取り上げることにする．

16.1 月経のしくみ

　思春期になると女性の身体や心には著しい変化がおこる．すなわち全身の急速な発育とともに第二次性徴が出現し，初経が発来する．初経は12歳で発来する人が最も多く，9～14歳におよそ95%の女子が経験する（平均初経年齢はおよそ12歳6ヶ月）．この初経にはじまる月経は，「約1ヶ月の間隔で起こり，限られた日数で自然に止まる子宮内膜からの周期的出血」と定義づけられているが，月経のおこる間隔は初経後すぐに安定するものではない．13～52歳の一般女性の3000周期を分析した報告[1]によると，13～17歳の平均周期は34.7日であったが，18～19歳では33.2日に，20代で31日，30代前半には30日，後半に29日，40代では28日であったという．一般に固く信じられている「月経周期＝28日」となるには初経後かなりの時間を要するといえる．そして40代の後半からは月経周期が長くなったり，不安定になり，50歳前後で閉経を迎える．

　初経から閉経までおよそ30～40年間，周期的におこる月経とはどのようなしくみになっているのだろうか．

　月経現象は内分泌の中枢である視床下部と脳下垂体，卵巣を結ぶ各種ホルモンのフィードバックシステムによって営まれている（図16.1[2]，16.2）．まず視床下部から性腺刺激ホルモン放出ホルモン（GnRH）が分泌され脳下垂体へ送られる．これを感知した脳下垂体からは卵胞刺激ホルモン（FSH）と黄体化ホルモ

ン (LH) が分泌され，卵巣では卵胞が成熟を開始する．この卵胞からは女性ホルモンであるエストロゲンが分泌され，子宮では内膜の機能層と呼ばれる部分が肥厚を始める．エストロゲンの分泌がピークになるとそれを視床下部が感知（正のフィードバック）して多量のLHを放出させるためのホルモンが分泌される．これを受けて下垂体からLHが多量に分泌され（LHサージ），排卵がおこる．排卵後の卵胞は黄体を形成し黄体ホルモン（プロゲステロン）を分泌するが，妊娠しないと黄体は萎縮しエストロゲンとプロゲステロンの分泌量は減少してくる．するとエストロゲンとプロゲステロンの働きで肥厚・増殖していた子宮内膜が壊死・脱落して血液とともに排出される．これが月経である．

エストロゲンとプロゲステロンの分泌量の減少を視床下部が感知（負のフィードバック）し，GnRHを分泌すると，脳下垂体からはFSHが分泌され，次の卵胞が成熟しはじめる．こうして次の月経周期が開始する．このように月経（周期）は精巧なホルモンのフィードバックシステムによって成り立っており，女性の心身に周期的な変化をもたらすのである．

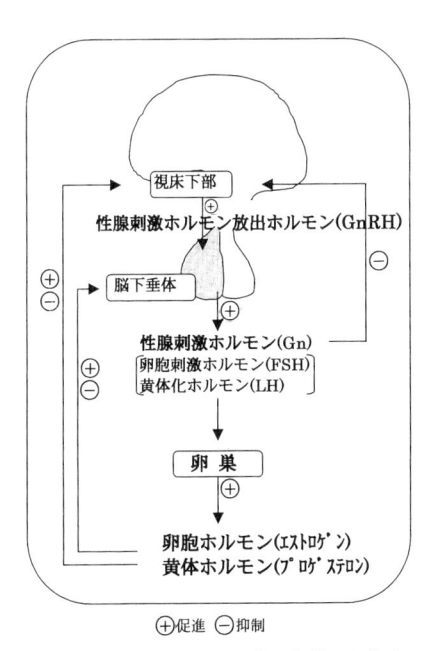

図16.1 視床下部―脳下垂体―卵巣における内分泌のフィードバックシステム（菊地，2000[2)] より）

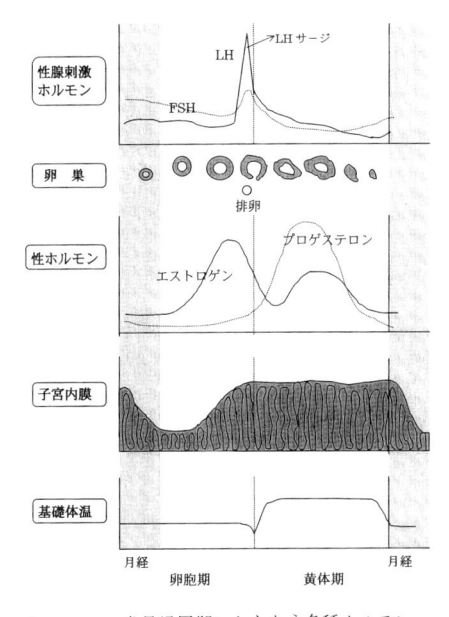

図16.2 正常月経周期にともなう各種ホルモン動態と卵巣，子宮内膜，基礎体温の変化

16.2 月経周期にともなう身体の変化と運動

女性の身体は前述した各種ホルモンの変化にともなって周期的な変化を示すが，その変化は大別して3つの期間ごとに異なる．すなわち卵胞が発育し成熟するまでの卵胞期，黄体が形成され次の月経が開始する前日までの黄体期，子宮内膜が壊死・脱落し性器出血がみられる月経期である（図 16.2）．運動実施上，とくに問題となる可能性があるのは月経期間中と黄体期（月経前）であるので，その時期について心身の状態と運動との関係を見てみたい．

a．月経期間中の運動
1） 月経期間中の運動の是非

月経期間中に運動を行っても良いか否かについては，産婦人科医の中でも統一した見解が出されていないが，体育授業におけるスポーツ活動に関する日本産科婦人科学会の指針[3]によれば，陸上のスポーツは月経中に行っても問題は少ないとされている．しかし，陸上の運動であっても激しいスポーツ活動は避けるべきであるとしている．また，水泳については小学生では行わせるべきでなく，中学生，高校生では月経血量が減少してから行う方がよいとされている．水泳において問題となるのはプール内での月経血の流出や，プールの水による細菌感染の心配であるが，実際には水中では水圧により月経血が流出することは稀であるし，プールの水が感染の発生素地となる根拠は薄い．高校生以上については内装具の使用や，水から上がった際の月経血の流出に備えるよう配慮することで問題は解決できるものと思われる．

しかし，月経期間中に運動を行うかどうかについては，月経状態が人によって異なり，そのとらえ方や痛みの感じ方なども違うことから，一概には言い切れない．そこで重要なことは，自分の月経状態や心身の状態を的確に把握し，その運動への参加の必要性をも考慮した上で，自分自身が参加の是非を判断できるような能力を身につけることである．

2） 月経随伴症状と運動

月経時には下腹部痛，腰痛などの症状を訴える女性が多い．そのうち程度がひどく薬を服用したり日常生活に支障がある場合，月経困難症とされる．月経困難症は原因によって機能性と器質性に分けられる．機能性はとくに原因となる器質

的疾患が無くておこるもので，子宮の入り口が狭くなっていたり，月経周期の分泌期に増加したプロスタグランディン $F_{2\alpha}$ と E_2 が月経時に遊離し，子宮筋を異常収縮させ，子宮の血液量が減少し，知覚神経終末の過敏などを招来させることによって疼痛を引きおこすと考えられている．器質性とは子宮筋腫，子宮内膜症，骨盤内炎症，卵巣腫瘍，子宮の位置・形態異常，管内膜炎など器質的疾患が原因になっているものをいう．

　運動習慣をもつ女性では月経困難症が軽いことや，月経による腹痛や腰痛が体操によって楽になることは古くから知られており，現在も運動は月経困難症の治療法の一つとして用いられている．軽い運動や体操は血液循環を改善し，骨盤内の充血を取り，筋肉や靱帯の弛緩が得られ，月経困難症に効果的である．また運動することによって鎮痛作用のある物質が分泌されたり，身体を動かすことで精神的リラクゼーションが得られることも運動の効果とされている．しかし，ひどい月経困難症の場合には器質性の月経困難症である可能性もあるので，まずは婦人科を受診し器質性疾患の有無を確認することが大切である．

b．月経前（黄体期）の運動

　一般に月経前（黄体期）には黄体ホルモンの全身的な作用によって，体がだるくなったり，コンディションが悪くなる．とくに，月経の3～10日前にはイライラや憂うつ，下腹部膨満感，下腹痛，腰痛，むくみ，頭重感，頭痛，乳房痛などの精神的あるいは身体的症状が現れることがあり，月経が始まると減退ないし消失する．これを月経前症候群（＝月経前緊張症）というが，習慣的な運動は月経前症候群にもよいとされており，ランニングなどによる発汗はむくみや乳房緊満感を改善する．さらに運動やスポーツによりストレスを解消することはイライラや憂うつなどの精神的症状の改善にも効果がある．

16.3　運動と月経異常

a．月経異常

　月経の異常には周期の異常，量の異常，月経に付随しておこる症状の異常がある（表16.1)[4]．中でも月経が予定より遅れたり，不規則になる周期の異常は多くの女性が経験していると思われる．周期の長さや規則性に影響を及ぼす因子としては，年齢にともなう変化（前述）や精神的ストレス，体重（体脂肪）減少，

表16.1 月経異常の定義

1. 初経
   a. 早発月経:10歳未満の初経発来
   b. 遅発月経:15歳以上での初経発来

2. 月経周期
   a. 頻発月経:月経周期が24日以内
   b. 希発月経:月経周期が39日以上
   c. 不正周期:正常周期(25～38日)にあてはまらず,7日以上変動する周期
   d. 無月経: (1) 原発(性)無月経:満18歳になっても初経が起こらないもの
         : (2) 続発(性)無月経:これまであった月経が3ヶ月以上停止したもの

3. 月経持続日数および量
   a. 過短月経:出血日数が2日以内
   b. 過長月経:出血日数が8日以上
   c. 過多月経:月経血量が異常に多いもの
   d. 過少月経:月経血量が異常に少ないもの

4. 月経随伴症状
   a. 月経困難症:月経期間中に,月経に随伴しておこる病的症状
   b. 月経前症候群:月経開始の3～10位前からはじまる精神的,身体的症状で月経開始とともに減退ないし消失するもの

(玉田太朗,1992[3])より改変)

職業,運動などが考えられている.とくに体脂肪は性ホルモンの代謝にきわめて重要で,近年若い女性の間で蔓延しているやせ志向にともなう無理(過度)なダイエットは,月経異常の要因ともなりうる.美容の面にのみとらわれるのではなく,正常な身体機能を保持するためにも適切な体重(体脂肪量)を維持したい.

b. 運動による月経異常

一般に健康増進のために行う軽度な運動や,レクリエーションとして行うスポーツによって月経異常がおこることは考えにくいが,競技選手として日々激しいトレーニングを行う女性に,初経の遅延や周期の延長,無月経などの月経異常が多いことは多数報告されている.そしてこれらの異常には,競技種目による差が認められており,体育大学の運動部に所属する女子における月経周期を種目別に検討した結果によれば,希発月経や続発(性)無月経は体操競技,新体操に多い(図16.3)[2]).競技選手による月経異常も身体的・精神的ストレスや,体重(体脂肪)減少,運動にともなう各種ホルモン環境の変化など[5])が要因とされ,これら

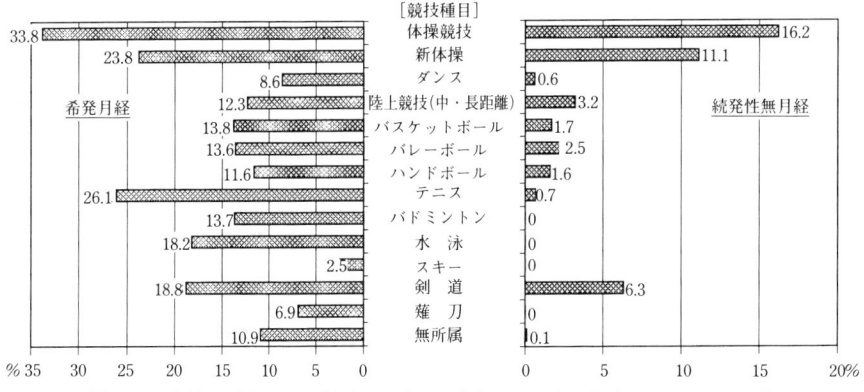

図16.3 競技種目別にみた希発月経と続発性無月経の発生頻度（菊地，2000[2]）より）

希発月経
- 体操競技 33.8
- 新体操 23.8
- ダンス 8.6
- 陸上競技（中・長距離） 12.3
- バスケットボール 13.8
- バレーボール 13.6
- ハンドボール 11.6
- テニス 26.1
- バドミントン 13.7
- 水泳 18.2
- スキー 2.5
- 剣道 18.8
- 薙刀 6.9
- 無所属 10.9

続発性無月経
- 体操競技 16.2
- 新体操 11.1
- ダンス 0.6
- 陸上競技（中・長距離）3.2
- バスケットボール 1.7
- バレーボール 2.5
- ハンドボール 1.6
- テニス 0.7
- バドミントン 0
- 水泳 0
- スキー 0
- 剣道 6.3
- 薙刀 0
- 無所属 0.1

の要因が単独ではなく，相互に関連しあって月経異常を引きおこすといわれている．

c．運動による月経異常の予後

運動による月経異常，とくに周期の異常はスポーツトレーニングを軽減あるいは中止するとすぐに回復するといわれているが，女子体育大学生を大学入学から卒業した後まで継続して調べた結果，卒業してスポーツトレーニングを止めても周期が安定しない人もいた（図16.4—C）[6]．スポーツ選手に限らず，月経周期がもとに戻るまでの時間は月経がなかった期間と相関するといわれ，長い期間放置しておくと月経の回復にはかなりの時間が必要となる．さらに，無月経の程度の中でも重度の無月経へ進行しやすくなる．また月経が回復し性器出血がみられたとしても無排卵性である可能性が高い．将来，妊娠や出産する能力への影響も考え，月経異常は安易に放置しないほうがよい．

加えて長期にわたる月経異常，とくに無月経は骨塩量の低下を招き，骨折や骨粗鬆症を引き起こす原因ともなるので，早い段階で適切な処置をすることが大切である．

月経は女性の生理・生殖機能をもっともよく反映する重要な身体の健康指標である．女性として健康な生活を送るためにも，月経や運動に関する正しい知識を身につけ，自分の月経状態をきちんと把握し，自己管理しながら運動を実践する能力を若い時期から養うことが大切である． 〔菊地　潤・加賀谷淳子〕

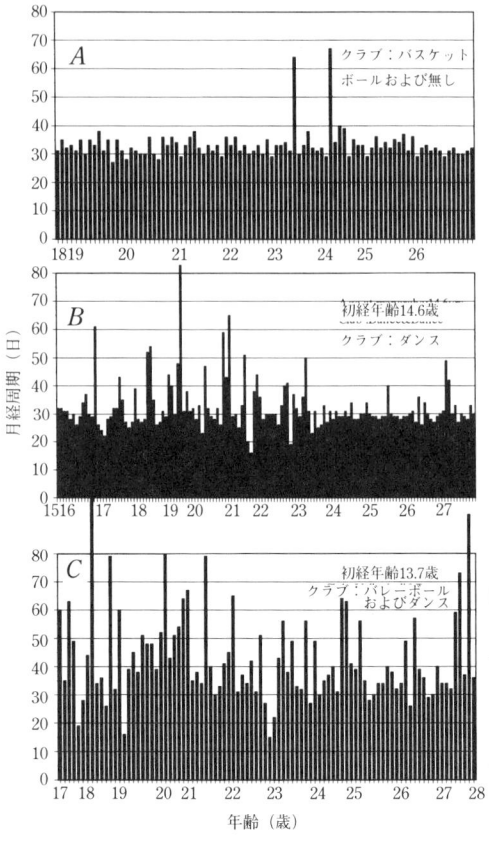

図16.4 年齢経過にともなう月経周期変化の典型例（菊地ら，1998[6]より）

A：18〜26歳頃まで正常周期が80%以上を占め，安定している．
B：大学時代に相当する年齢に乱れるが，卒業後は正常周期が多くなる．
C：18〜28歳頃まで長短の異常周期が高頻度に見られ，大学卒業後も安定していない．

参 考 文 献

1) Matsumoto, S., Nogami, Y. and Ohkuri, S.: Statistical studies on menstruation ; A criticism on the definition of normal menstruation. *Gunma J. Med. Sci.*, **11**: 294-318, 1962.
2) 菊地　潤：スポーツ生理学トピックス 12，スポーツトレーニングが月経（周期）に及ぼす影響．体育の科学，**50**（5）：379-387, 2000.
3) 玉田太朗他：小児・思春期問題委員会報告（月経期間中のスポーツ活動に関する指針）．日本産科婦人科学会雑誌，**41**：633-634, 1989.
4) 玉田太朗：月経に関する定義．産婦の実際，**41**：927-929, 1992.
5) 目崎　登：女性のためのスポーツ医学，p. 75-76, 83, 95，金原出版，1992.
6) 菊地　潤，中村　泉：体育大学出身女性における年齢に伴う月経周期の変動パターン．民族衛生，**64**（5）：299-312, 1998.

17
運動による貧血の防止

17.1 貧血とは

　人体の総血液量は，だいたい体重の 1/13 の重さに相当するが，血液中に含まれるヘモグロビンの量が基準値以下の場合を「貧血」という．血漿中にもいくらか含まれるが，ヘモグロビンはほとんどが赤血球の構成物として存在するので，赤血球数やヘマトクリット値（血球が血液を占める割合）の測定も貧血の判定に利用される．貧血の原因としては，おおまかに 1) 出血等による赤血球喪失，2) 赤血球合成抑制，3) 赤血球破壊（溶血），それに 4) 血液希釈によるみかけの貧血があげられる．

17.2 運動によっておこる貧血とその原因

　ヘモグロビンや赤血球は酸素や二酸化炭素の運搬で重要な役割を果たすので，酸素消費や二酸化炭素産生が高まる運動中は貧血の影響を受け，とくに持久性運動能力は抑制される．したがって，運動やトレーニングに対する適応として赤血球合成などは促進してもいいはずであるが，逆に貧血がおこりやすい．運動が原因でおこる貧血を運動性貧血 (sports anemia) といい，多量の出血をともなうけが，赤血球合成ホルモンの分泌抑制やヘモグロビン合成系の異常が運動選手にとくに多いわけではなく，運動性貧血の原因としてはこれら以外のものが考えられる．

　ヘモグロビンは，ヘム（鉄）とグロビン（タンパク質）によって構成されており，鉄またはタンパク質の欠乏によりその合成が抑制される．食料事情が乏しかった太平洋戦争終結直後のわが国においては，タンパク質欠乏は大きな問題のひとつであり，貧血の主要因であった．しかしながら，食料事情が大きく改善された最近では，タンパク質不足はほとんど問題ではなくなっている．

　タンパク質に比べて体内貯蔵量が非常に少なく，しかもその 65〜70%（2.

5～3g)がヘモグロビンを構成している鉄の摂取量は、日本人では成人男性で10 mg/日、女性や発育期の男性で12 mg/日と非常に微量である。ところが、女性や運動選手における鉄欠乏は未だに大きな問題である。減量のための菜食主義などによる鉄摂取の不足も原因となる。お茶やコーヒーも消化管からの鉄吸収を抑制する。また、汗や尿を介した鉄喪失の亢進によっても鉄欠乏が助長される。汗に含まれる鉄は非常に低濃度であるが、多量の汗を失う運動を連日続けると失われる鉄の量もかなりのものになる。

運動による足裏への物理的衝撃、血中pHの低下や脾臓からのリゾレシチンの放出など化学的原因による血管内での赤血球破壊も貧血の主たる原因の一つである(図17.1)。赤血球は普通腎臓で濾過されないので尿中に排泄されることはないが、分子量の小さいヘモグロビンは尿中に喪失される(ヘモグロビン尿、血尿)。生体には、赤血球破壊がおきたらハプトグロビンがヘモグロビンと結合し、腎臓での濾過および尿へのヘモグロビンの喪失を防ぐ働きもある。ところが血球破壊の程度がその許容限度をこえてしまうと、血尿に至ってしまうことになる。

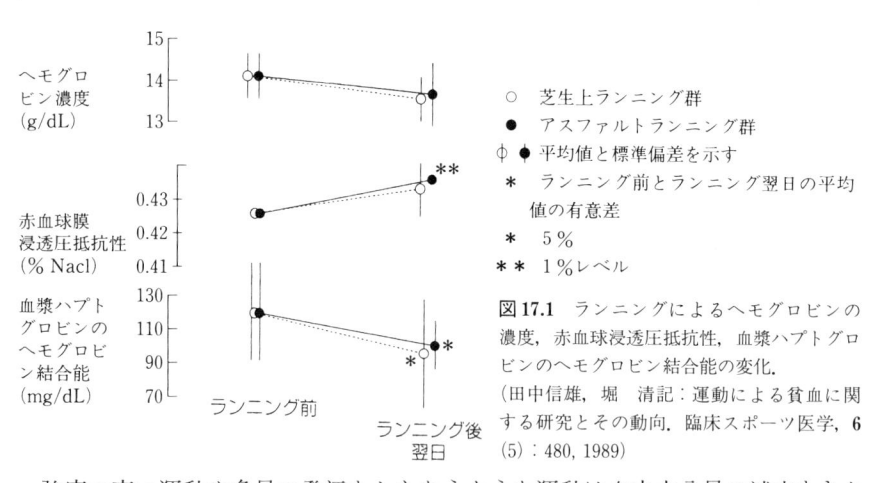

図17.1 ランニングによるヘモグロビンの濃度、赤血球浸透圧抵抗性、血漿ハプトグロビンのヘモグロビン結合能の変化。
(田中信雄、堀 清記:運動による貧血に関する研究とその動向、臨床スポーツ医学、6(5):480, 1989)

強度の高い運動や多量の発汗をともなうような運動は血中水分量の減少をきたし、血液濃縮を誘発する。すると血液の粘稠度が増し、血流抵抗が高まり、心臓への負担も増す。また皮膚血流量も減少することから、体熱放出にも支障が出てしまう。そこで、このような現象を抑制する一つの反応として、トレーニングの結果血漿水分量の増大が起き、血液は希釈される。水分量が増えると、たとえ全身の総赤血球数は一定でも血液100 ml中の赤血球数などのような値は低下し、

貧血と似たような現象が起きる．しかし，このような現象は貧血ではなく，むしろ運動に対する好ましい適応である．一方，とくに長距離ランナーでは個々の赤血球容積が小さいという現象も報告されている．こういう場合，たとえ赤血球数は正常でも，ヘマトクリット値は低いことになる．したがって，貧血の有無をヘマトクリット値の測定だけでチェックしたら，誤った判定をすることになる．

このように，一見現象的には貧血でも，貧血ではない場合もあるので，その判定には十分注意を払うべきである．貧血と判定されたら，さらにその原因を解明するべきである．原因がたとえば血球破壊の亢進であっても，鉄分摂取の低下であっても，鉄喪失の亢進であっても，一般的に鉄欠乏に至るが，それに至った直接的な原因をはっきりさせ，治療法を処方しないと貧血に対しての効果が得られない．また，血清鉄濃度は食事や日内変動，月経周期（女性の場合）などの影響を受けるので，鉄欠乏の判定にはフェリチン濃度の測定なども含める必要がある．

17.3 運動による貧血を防ぐには

上述したように，血球破壊と鉄欠乏が運動性貧血の主たる原因であるので，貧血を防ぐにはこれらを極力防止する必要がある．しかし，その程度はさまざまであり，運動中の衝撃や発汗は避けることはできない．酸素の薄い高地に住むなどすれば別だが，この運動をすれば貧血が治る，あるいは防げるという運動はない．ところが（エリート選手を目指すなら，貧血が起きないようなトレーニングでは足りないとも言えようが），健康の維持・増進や体重減少などを目指すような運動であったなら貧血の防止は可能なので，足裏にかかるショックをなるべくやわらげたり，発汗などで失った鉄の補給を欠かさないようにするべきである．

鉄分は肉，レバー，大豆，ほうれん草など多くの食品に含まれているが，鉄欠乏が進行しすぎると，食事のみでは容易に回復しない．その場合，鉄剤の経口摂取が一般的であるが，静脈注射による鉄投与が行われることもある．鉄の吸収はお茶のタンニン酸により抑制されるので，鉄剤を経口摂取する場合，その前後1時間位はお茶をひかえるべきである．逆に，ビタミンCは鉄の吸収を促進させるので，オレンジジュースなどを同時に飲むのは効果的であろう．しかし，鉄欠乏でない人が長期間大量の鉄を摂取するのは危険なので，鉄欠乏の有無の正確な判定や貧血の原因の解明をした上での処方を行うべきである．〔大平充宣〕

18 骨粗鬆症

18.1 骨粗鬆症とは

　骨粗鬆症とは高齢者を中心に発症する症状で，わが国で患者数は1000万人にも達するとも言われている．年齢を重ねるに従って，多くの人が骨粗鬆症になる危険性が高い．わが国においては急速な人口の高齢化が進んでいるので，骨粗鬆症患者が急増することは社会的な問題でもある．

　骨粗鬆症とは本来骨の内側に密度高く詰まっているはずのカルシウム塩が溶け出して密度が低くなり，このために非常に骨折しやすい状態となる病気である．高齢者において腰や背中が曲がった人を見かけるが，この人達のほとんどが骨粗鬆症により背骨（脊椎）が圧迫骨折をおこしたことが原因である（図18.1）．

　脊椎は7個の頸椎，12個の胸椎，5個の腰椎などでできており，一つ一つは円柱の缶詰のような形をしているが，圧迫骨折とはこれらの椎骨が圧力によってつぶされることである．複数の椎骨が圧迫骨折をおこすことによって背中がどんどんと曲がっていくのである．骨粗鬆症患者においては骨が脆弱であるため，ちょっとした外力によってこのような圧迫骨折がおこってしまう．脊椎の圧迫骨折以外でも，大腿骨の臀部に近い部分や，前腕の骨なども骨粗鬆症で骨折をおこしやすい部位として知られている．

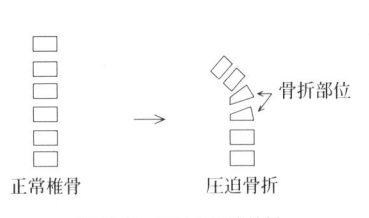

図18.1　脊椎の圧迫骨折

18.2　若いうちから予防をする

　骨粗鬆症の発症原因については不明な部分が多いが，加齢現象の一つであると考えられる．人間の骨は30歳を越えるころより，年々カルシウム塩（骨塩量）

図18.2 年齢と骨密度

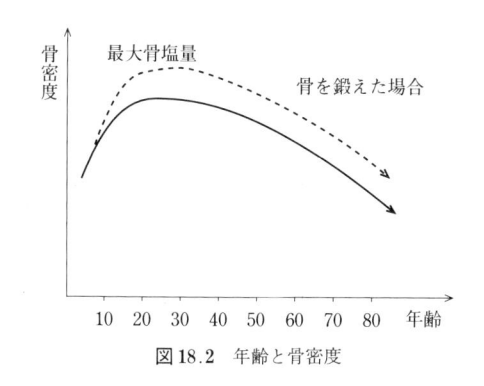

が少なくなり，やがて骨粗鬆症となるわけである．とくに女性においては閉経後において骨塩量の減少が著しくなり，骨粗鬆症の危険性が高くなる．これは閉経により骨を守る役目を果たしていた女性ホルモンの分泌が少なくなるためである．骨粗鬆症を防ぐには加齢によって減少する量をなるべく少なくすることが重要であるが，もう一つ言われていることは20歳から30歳ぐらいに迎える最大骨塩量（peak bone mass）をなるべく多くすることの重要性である．すなわち，身体の骨量を高いレベルにしておいて，その後の減少に耐えようという考えである（図18.2）．したがって，20歳代までに適度な運動や適切な生活習慣などによって骨を丈夫にしておくことが必要なのである．なかには若いうちから骨塩量が少ない人がいることが指摘されていて，このような人は近い将来骨粗鬆症になる可能性が非常に高いので，骨づくりを真剣に考える必要がある．

18.3 骨粗鬆症を防ぐための運動

骨量を増やして骨強度を強くするためには，骨に日常以上の力を加えてやることが必要である（「4. 骨を丈夫にするためのトレーニング」参照）．そのためには積極的に運動を行い，骨にいろいろな方向から力を加えることが有効である．骨粗鬆症でとくに骨折が問題となる部位は椎骨と大腿骨であるので，これらの骨を鍛えることが重要である．それには，地面を大きく蹴ったり着地したりする抗重力運動が適していて，球技などが勧められる．また，ウエイトトレーニングも骨量を高めるので積極的に行うことが勧められる．一方，サイクリングや水泳では大きな力が骨に加わらないので，骨量を増やす効果はほとんどない．

なお，運動の種類によっては骨量を減らして，骨を弱くする危険性があるので

注意が必要である．女性長距離ランナーには骨密度が低い人がいるように，ランニングのような高強度・長時間運動は骨には逆効果となる．これは高強度運動のストレスが原因であると考えられる．

18.4　骨粗鬆症を防ぐための栄養

骨量を維持または増加させるためには，十分なカルシウム摂取が必要である（9.3節参照）．牛乳・乳製品，大豆製品，魚貝類などから1日600 mg以上のカルシウムを摂取するとともに，カルシウムの吸収を助けるビタミンD，骨形成を助けるビタミンKを十分摂取することが重要である．ビタミンDはきのこ類や魚肉に多く含まれ，ビタミンKは豆類に多く含まれている．また，カルシウムの吸収を妨げるリン酸（加工食品や一部の清涼飲料水に多量に含まれる），塩分，アルコール，カフェインなどを控えることが望ましい．

また，女性において無理な減量は月経周期異常になり，女性ホルモンの分泌が少なくなる可能性がある．女性ホルモンの分泌低下は骨量が減ることに直結するため，無理な減量は避けるべきである．

18.5　骨粗鬆症を防ぐためのその他の生活習慣

a．紫外線

日光を浴びない生活をしていると「くる病」が発生して，骨が柔らかくなり，成長が妨げられることが知られている．これは日光を浴びないと腸でのカルシウムの吸収を促進するビタミンDが不足するからである．すなわち，日光の中に含まれる紫外線は，皮膚の下にあるプロビタミンD3という物質をビタミンDに変化させることができるのである．

くる病はイギリスなどの日照時間の少ない地方に特有な病気で，日本においては比較的日照時間が多いため普段の生活をしていれば紫外線をある程度浴びることができる．しかし，日本でも日照時間の少ない北日本や日本海側に住む人，また野外に出る時間が極端に少ない人は，意識的に日光にあたる機会を多くしないと骨粗鬆症になりやすくなる．紫外線を多く浴びると皮膚がんになりやすくなるが，骨粗鬆症の予防目的で日光浴をするときには日焼けをおこすほど紫外線を浴びる必要がなく，天気のよい日に少し屋外に出る程度でよく，とくに肌を出す必要もない．

b. ストレス

　不安や緊張によるストレス，不満や怒りによるストレス，体が痛いなどのストレス，社会生活においてはいろいろなストレスがある．これらのストレスは骨にとってマイナスに働く．人間はストレスを感じると大脳および下垂体から副腎に働きかけるホルモンが出され，副腎ではストレスに対抗する副腎皮質ホルモンが分泌される．この副腎皮質ホルモンはカルシウムを尿に排泄することを促進してしまうため，体内のカルシウム減少に結びつく．

　ストレスにはいろいろな種類があり，前述した高強度運動もストレスの一種としてみなすことができる．日常生活において，なるべくストレスを感じない工夫が必要である．

c. 喫　　煙

　喫煙はいろいろな部位のガンや心筋梗塞などの誘因となりやすいばかりでなく，骨粗鬆症の危険因子にもなる．たばこによって胃腸の働きが鈍くなり腸でのカルシウムの吸収が妨げられること，尿中へのカルシウム排泄が促進されること，骨芽細胞の機能を低くすることなどの理由のためである．また，女性においては喫煙によって骨を守るために重要な女性ホルモンの生成が低下することも指摘されている．したがって，喫煙は避けることが望ましい．

d. アルコールとカフェイン

　アルコールとカフェインは尿中に排泄するカルシウム量を増加させる働きがある（9.3節参照）．このため，アルコールは1日ビール1本程度，コーヒーは1日3杯以内に控えたほうが無難である．　　　　　　　　　　　　　〔梅村義久〕

参 考 文 献

1) 森井浩世：やさしい骨粗鬆症の自己管理，医薬ジャーナル社，1999．
2) 藤田拓男：更年期からの女性に多い骨粗鬆症，主婦の友社，1995．

19

妊娠と運動

19.1 妊婦の生理

a. 循環系の変化

妊娠中，循環血液量は妊娠経過とともに増加し，妊娠32週頃にピークとなり，非妊娠時の約1.5倍に達する．さらに妊婦では血漿量の増加が赤血球の増加率を上回るためヘマトクリット値（Ht）やヘモグロビン値（Hb）は低下し，みかけ上貧血状態を呈する．妊婦に貧血が多いのはこのためである．また，循環血液量の増加の結果，子宮血流量も非妊娠時の10倍に増加しており，この増加により，普通の運動程度では子宮血流量の減少には至らないとされている．

妊婦の心臓には心肥大と軸転位がおこる．心肥大は循環血流量にともない心臓への負荷が増加するためで，軸転位は増大した子宮で横隔膜が圧迫，挙上される結果，心臓は左上方に上昇し，心尖部は左外方に転位する．このほかの循環系の変化としては妊娠子宮により，下大静脈が圧迫されるため静脈還流速度が減少し，その結果静脈系の逆流防止作用（milking action）を障害する．

b. 呼吸器系の変化

妊娠時には，呼吸機能も変化する（図19.1）．主な変化は深吸気量および肺活量の増加と，予備呼気量，機能的残気量の減少である．妊娠時は酸素消費量が増加するため換気量は増加する．その結果，妊婦では過換気状態がしばしばみられる．

c. 骨格系の変化

妊娠によって明らかに変化がみられるのは脊椎である．脊椎は妊娠の進行とともにその彎曲が強まり，独特の直立姿勢となる．その結果，体の重心が前方に移

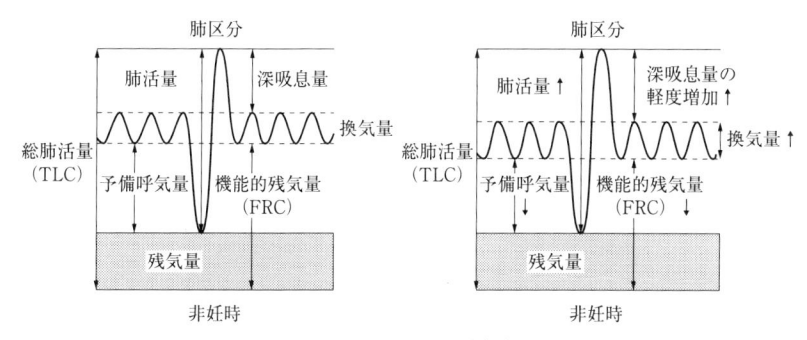

図 19.1 妊娠による肺機能変化

呼吸数 10% 増, 1 回換気量 45% 増, 分時換気量 50% 増(北川道弘:女性のスポーツ医学[1], p.108, 中外医学社より)

動し, 平衡感覚の変化をきたす(図 19.2). 一方, 妊娠中はリラキシンというホルモンの分泌により, 身体の各関節は弛緩する. これらの変化は当然スポーツ能力には少なからず影響を与えるはずである.

d. 体重の変化

妊娠全期間を通しての体重増加は通常 8~10 kg くらいであり, 著しい体重増加では各種の産科異常がみられる. 妊娠初期ではつわりなどにより一時的に体重減少がみられるが, その後は次第に増加する. 一般に妊娠後半期では週平均 300~400 g, 1 ヵ月で 1200~1600 g 程度の増加が望ましい. 正常妊娠における体重増加の各因子を図 19.3 に示した.

19.2 妊婦の運動処方

妊婦にスポーツを許可する際, どんな運動をどの程度の強さで, どのくらいの時間行うのがよいかを指示することは大切である. 妊婦スポーツのガイドラインに関しては 1985 年 ACOG(アメリカ産婦人科学会)がはじ

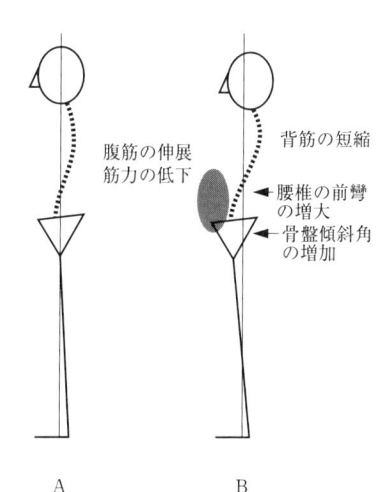

図 19.2 妊婦の姿勢

非妊時 A の姿勢は, 妊娠後半期に妊娠子宮の重量が矢印の方向にかかり, 平衡をとるために B の姿勢となる.

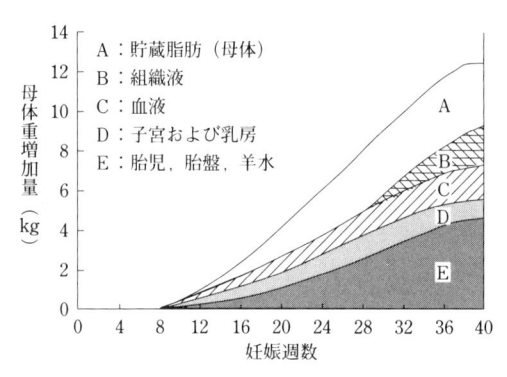

図19.3 正常妊娠における体重増加の因子
(Hytten and Leitch[3] より改変, 荒木, 1981 より)[2]

めて発表し，1994年に一部を改訂している．わが国でも平成7年に日本母性保護産婦人科医会が「妊娠中のスポーツ」と題した研修ノート（No.53）を作成している[3]．この研修ノートは，今日わが国で普及している妊婦スポーツを安全かつ効果的に行うための指導書となっている．

a．運動の種類

妊婦にとって好ましいスポーツの条件とは，母児にとって安全であること，運動効果が得られること，楽しく継続できることなどであり，そのためには全身運動，有酸素運動，楽しい運動でなければならない．表19.1に妊婦に適したスポ

表19.1 妊娠中の運動

妊娠に適した運動	●有酸素運動（Aerobic） ●全身運動 ●母児にとって安全な運動 ●楽しい運動	（種目） 水泳，エアロビックダンス，ジョギング，サイクリング，ウォーキング，ヨガ
妊婦に適さない運動	●無酸素運動 ●瞬発性運動 ●アンバランスな運動 ●競技的性格の運動	（種目） バレーボール，バスケットボール，ラケットボール，山登り，水上スキー，スキューバダイビング

ーツならびに不適なスポーツをあげる．

b. 運動強度

妊娠中に激しいスポーツを行えば，運動筋へ血液が集中し，子宮への血流量が減少し，胎児が酸素不足になる危険が考えられる．そのため，どのくらいまでの強さなら安全かについていくつかの動物実験が行われている．その結果，母児にとって安全といえる運動強度は最大酸素摂取量の50～60％，母体心拍数で毎分130～140くらいとされていた（1985年のACOGのガイドライン）[4]．しかし，その後の研究では必ずしもこの範囲に限ることはないとされ，1994年のACOGのガイドラインでは，この心拍数の項目は取り除かれ，最も望ましい強度は妊婦が不安なく，心地よくスポーツができる範囲でよいとされた．

c. 実施条件

今日，わが国で広く行われている妊婦スポーツの実施条件を表19.2に示す．対象はすべて正常経過をとっている妊婦としている．

d. 中止の条件

一たん，スポーツをはじめても，途中で中止しなければならないことは希ではない．中止の理由は主に流早産徴候（子宮収縮，性器出血，子宮口開大，児頭下降気味）や妊娠中毒症（高血圧，タンパク尿，むくみ），胎盤異常，IUGR（子宮内胎児発育遅延）などの産科異常の出現による（表19.3）．妊婦水泳やマタニティビクスでの調査では約7％が中止している．

表19.2 妊婦スポーツ実施条件

対象	正常経過をとる妊婦
メディカルチェック	妊娠初期（運動開始）：ハイリスク妊婦除外 妊娠中期（28週の頃）：切迫早産ならびに合併症の発見
開始・終了時期	開始：15～16週 終了：40週（分娩直前まで）
運動時間 運動時間帯 ならびに頻度	時　間：60分以内（1回につき） 時間帯：午前10時～午後2時 　　　　（この時間帯は子宮収縮がおこりにくい） 頻　度：週2～3回

表 19.3 妊婦スポーツ中止の条件

切迫流産・早産兆候（性器出血，腹痛，子宮口開大）
貧血（Hb 9.0/dl 以下）
胎盤異常（前置胎盤）
IUGR
妊娠中毒症（高血圧，タンパク尿，浮腫）
骨盤位（妊娠後半期）
羊水異常（過多，過少）

e. 実施上の留意点

①メディカルチェック： わが国の妊婦スポーツが今日広く普及した理由の1つは実施希望者にメディカルチェックを徹底したことがあげられる．これによってハイリスク妊婦を除外でき，安全に実施できたためである（表 19.4）．

メディカルチェックは妊娠初期（12～16週）の運動開始時に問診と診察（内診）を行い，さらに妊娠中期（28～30週）に再度診察し，流産早産の危険の有無や妊娠中毒症などの合併症の発症をチェックしている．また，実施当日のメディカルチェックも大切で，当日の体調の良し悪し，子宮収縮の有無，胎動の状態などを申告させ，同時に血圧，脈拍，浮腫の有無などをチェックしている．少しでも気分が悪いと訴えた際は運動は中止させる．

②危険因子： 妊婦スポーツでとくに注意を要するのは体温の上昇である．一般にヒトでも動物（ヒツジ）でも妊娠中，安静時では胎児（仔）体温は母体（胎）体温より 0.5℃ ほど高いが，母体運動時には母体体温は上昇し，この母児間の温度差は減少し，やがて逆転する．その結果，胎盤や胎児でのガス交換や物質代謝に影響を与え，動物実験では中枢神経系の先天異常が発生している[5,6]．

表 19.4 妊娠運動の禁忌

運動をしてはいけない人	医師に相談しなければいけない人
1. 心臓病のある人	1. 妊娠前から高血圧の人
2. 急性の感染症のある人	2. 貧血がある人
3. 早産兆候のある人	3. 甲状腺の病気のある人
4. 多胎妊娠の人	4. 糖尿病の人
5. 子宮出血や破水の人	5. 骨盤位の人
6. 子宮内胎児発育遅延の人	6. 過度の肥満や過度のやせの人
7. 重症高血圧の人	7. 普段から運動嫌いな人
8. 妊娠中毒症の人	
9. 妊婦健診を受けていない人	

ただし,ヒトではこのような報告はない.さらに,母体体温の上昇は子宮筋中のエピネフリン(子宮筋の弛緩作用がある)量を減少させ,子宮収縮をおこし,流早産を誘発する危険がある.このように,妊婦中のスポーツでは常に母体体温の上昇に注意し,高温多湿下での運動は避け,水分を十分にとり脱水を防ぐことを心がけるようにする.

19.3 妊婦スポーツの効果

妊婦スポーツの効果の判定は容易でない.これまでの経験から期待できる効果としては,体重のコントロール(肥満の予防),体力の維持,妊娠中の不快な微症状の軽快,分娩時間の短縮傾向,妊娠中のストレス解消,マタニティーブルーの予防などが認められている(表19.5).なお,妊婦スポーツのリスクについては,ほとんど報告がない.その理由は対象が正常妊婦であること,異常があれば途中で中止させているためと思われる.

表19.5 妊婦スポーツの効果

理想的な体重の保持:糖尿病(GDM)の発症予防 血圧のコントロール
妊娠中の微症状の軽減:腰痛,頭痛,倦怠感 しびれ,むくみ,静脈瘤,など
安産傾向:骨盤底筋のリラックス体得 呼吸法の体得(ラマーズ法) 分娩時間の短縮 小さめの新生児
精神面での自信と安定:ストレス発散,爽快感,マタニティーブルーの予防

19.4 将来への展望

今日行われている妊婦スポーツは,すべて健康妊婦を対象としているが,今後は合併症を有する妊婦,たとえば糖尿病,軽症高血圧,心身症などへの応用が期待されている.とくに糖尿病合併妊婦への効果についてはすでに多数の報告があり,たとえばPetersonら[7]は19人の妊娠糖尿病妊婦を二つのグループに分け,一方は6週間の食事療法のみとし,他方は食事療法に加えて6週間,週3回,毎回20分のアームエルゴメーターによる運動を行わせて,この両者の糖代謝を比較した.結果は表19.6のように,食事と運動群の方が明らかに有効であったと報告している.このような合併症を有する妊婦にはウオーキング,自転車エルゴメーター,水中歩行など軽い運動をすすめている.

〔伊藤博之〕

表 19.6 糖尿病妊婦における運動効果

	食事群	食事＋運動群
Hb_{AIC}	$4.7\% \pm 0.2\%$	$4.2\% \pm 0.2\%$
空腹時血糖値	87.6 ± 6.3 mg/dl	70.1 ± 6.6 mg/dl
50 g 経口糖負荷後 1 時間血糖値	187.5 ± 12.9 mg/dl	105.9 ± 18.9 mg/dl ($p<0.001$)

(Peterson JL, et al.: 1989)[7]

参 考 文 献

1) 寺島芳輝他編：女性のスポーツ医学, p. 108, 中外医学社, 1989.
2) 荒木　勤, 宮内雅光, 後藤正紀：産婦人科の実際, **30** (10); 1543, 1981.
3) 日本母性保護産婦人科医会編：妊娠中のスポーツ. 日本母性保護産婦人科医会研修ノート, No. 53, p. 42：1995.
4) American Collage of Obstetricians and Gynecologists (ACOG): Technical Bulletin on exercise in pregnancy. 1985.
5) Smith D. W., et al : Hyperthermia as a possible teratogenic agent. *J. Pediat*, **92**：878, 1978.
6) Milier P., et al : Meternal hyperthermia as a possible cause of anencephaly. *Lancet*, **1**：519 1978.
7) Peterson J. L., et al : Randomized trial of diet plus cardiovascular conditioning on glucose levels in gestaional diabetes. *Am J. Obstet Gynecol*, **161**：415.

V 生涯にわたる体力づくり

20
家庭でできる体力づくり

　運動は，その生理的効果から，持久力を高めるエアロビクス，筋肉を強くするレジスタンス，体の柔軟性を高めるストレッチングの3つに分けられる（図20.1）．生涯にわたって体力を保持するには，1つの運動だけを行うのではなく，この3つの運動をバランスよく，しかも定期的に継続して行うことがたいせつである．

　運動を継続するには，家庭でも運動する習慣をつけるとよい．家庭ではひとりで運動を行うことがほとんどである．このとき注意することは，運動を安全で効果的に行うということである．

20.1　エアロビクス

　エアロビクスは心臓や肺などの呼吸循環器系に大きな負担をかけないで，しかもその能力を向上させる効果がある．その他の効果として，血圧の改善，全身持

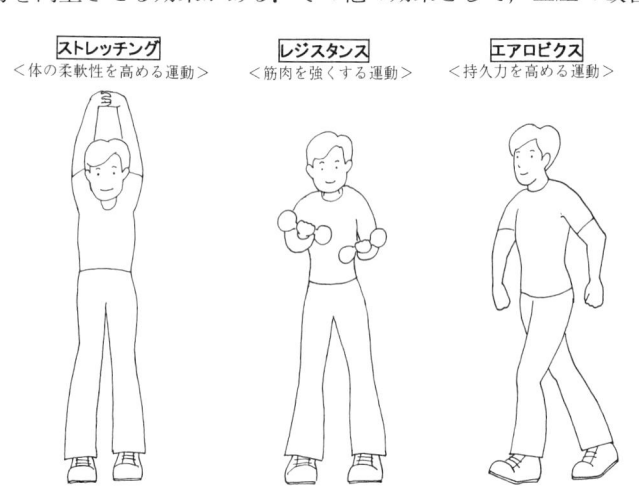

図 20.1　体力づくりのための3つの運動[1]

久力（スタミナ）の向上，体脂肪燃焼の活性などがあげられる．

　エアロビクスにはウォーキング，ジョギング，サイクリング，水泳などがあるが，家庭で簡単に，しかも安全で効果的に行うことができる運動はウォーキングである．

a．正しいウォーキングの姿勢
　正しいウォーキング姿勢の要点は図 20.2 に示した通りである．
① 上体をまっすぐにして歩く．
② かかとから着地する．
③ つま先でしっかり蹴り出す．
④ 腕は大きく振る．

b．ウォーキングの運動量
　ウォーキングによってエアロビクス効果を得るには，体力や健康状態，およびトレーニングの目的などを配慮して，強度・時間・頻度を選択することが重要である．エアロビクスとしてウォーキングを行うときには，軽めの運動量から始め，体力の向上に合わせてゆっくりと運動量を増やしていくことである．決して急いで運動量を増やさないことである．ここでは目的別の適正運動量の目安を紹介する．

① **全身持久力（スタミナ）の向上のための運動量**

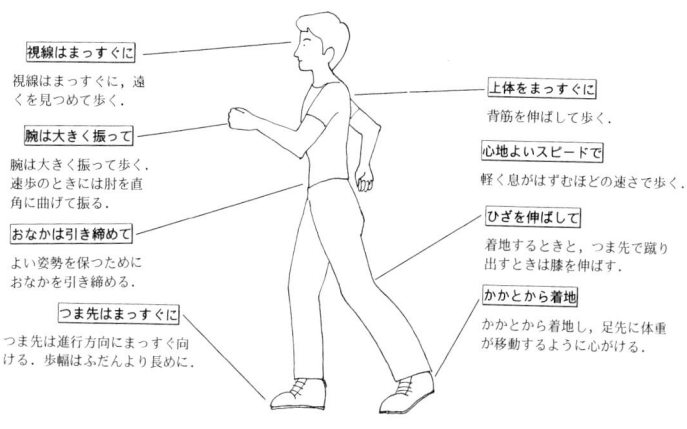

図 20.2　正しいウォーキング姿勢

全身持久力，すなわちスタミナを向上させたいときには，まず最大の60%の強度で，15分間のウォーキングを週3〜6回行う．これを1，2ヶ月続けると全身持久力は向上してくる．さらに全身持久力を向上させたいときには，ウォーキング時間は15分間，頻度は週に3〜6回のまま，強度を70%，80%と徐々に高めていく．

② 健康づくりのためのウォーキング

高血圧，高脂血症，糖尿病などの予防のためにウォーキングを行うときは，全身持久力を高める場合よりも低めの強度で，長い時間ウォーキングを行うのが効果的である．ウォーキング時間は30分，頻度は週3〜6回とし，強度は50%から始め，次第に上げるようにする．

③ ウェイトコントロールのためのウォーキング

ウェイトコントロールの第一歩は体脂肪を減らすことである．そのためには，運動強度が最大の50〜60%の軽めの強度で20分以上歩きつづけることである．運動強度が最大の60%以下のときには脂肪と炭水化物はほぼ半々でエネルギーを出すが，運動強度が60%をこえると脂肪の燃焼が低下し，炭水化物の燃焼が高まる．したがって，体脂肪を燃やしてウェイトコントロールするときには，軽めの強度で長時間のウォーキングが効果的である．

c．ウォーキングの強度推定法

ところで，ウォーキングは最大の50%とか60%というような強度で行うように述べたが，このような強度は，ウォーキング中の脈拍数から推定できる．

運動中の脈拍数を数える．これを次式で計算すると最大の何%でウォーキングを行っているのかを知ることができる．

$$運動強度（\%） = \frac{脈拍数}{(220 - 年齢)} \times 100$$

〈例〉 20歳の人がウォーキングを行っているときに脈拍数を調べたら120拍であった．このとき，この人は最大の何%の強度でウォーキングを行っていたことになるか．

$$運動強度（\%） = \frac{120}{(220-20)} \times 100 = 60\%$$

すなわち，この人は最大の60%の強度でウォーキングを行っていることが推定できる．

20.2 レジスタンス

　レジスタンスは，筋肉に抵抗を加えて運動を行うことにより筋力を強化するトレーニングである．レジスタンスには，ダンベルやバーベルなどの器具を利用する方法と，自分の体を利用する方法とがある．ここでは，家庭で簡単に行うことができるアイソメトリクス法を紹介する[3]．

a．アイソメトリクス

　アイソメトリクスは，筋肉の長さを変えずに筋力を発揮して，筋力を強化させるトレーニング方法である．このトレーニング方法は，特別な器具を必要としないし，どこででも一人で手軽に行える利点がある．さらに，運動時間が短く，しかも少ない回数で筋力を強化させるという利点もある．主な筋肉のトレーニング方法を紹介する．

① **首の横の筋力強化**（図 20.3）

　左手の平を左側の側頭部に当てる．手で頭を押すときに，頭でこの手を押し返すようにする．7秒間，全力で手と頭で押し合う．次に，右手の平を右側頭部に当てて，同様の運動を行う．

② **首の後の筋力強化**（図 20.4）

　両手の指を組んで，手の平を後頭部に当てる．頭をわずかに前傾させた状態で両手で頭を押すと同時に，頭で両手を押し返すようにする．7秒間，全力で両手と頭で押し合う．

③ **肩・胸の筋力強化**（図 20.5）

　胸の前で両手の平を合わせて，7秒間，全力でお互いの手を押し合う．

④ **肩・腕の筋力強化**（図 20.6）

　胸の前でタオルの両端をもつ．両手は肩幅より少し広めに開く．全力で，7秒間，両手でタオルを左右に引くようにする．

⑤ **背部・臀部の筋力強化**（図 20.7）

　うつ伏せになり，右腕は前方へ伸ばし，左腕はまげて手の甲を顎の下に置く．右腕と左脚を床から上げて，7秒間保持する．次に，左腕と右脚を上げて同様の運動を行う．顎は手から離さないようにする．

図 20.3　首の横の筋肉を強化するアイソメトリクス

図 20.4　首の後の筋肉を強化するアイソメトリクス

図 20.5　肩・胸の筋力を強化するアイソメトリクス

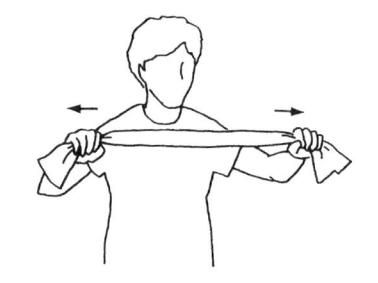

図 20.6　肩・腕の筋力を強化するアイソメトリクス

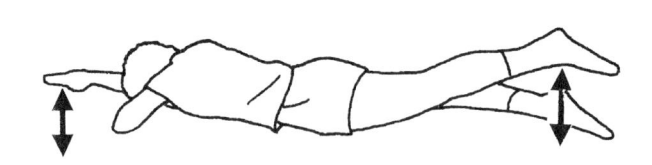

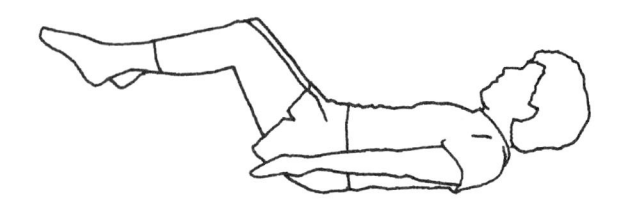

図 20.7　背部・臀部の筋力を強化するアイソメトリクス

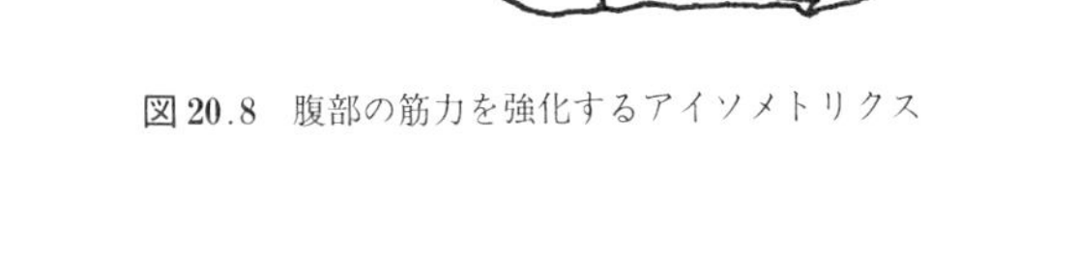

図 20.8　腹部の筋力を強化するアイソメトリクス

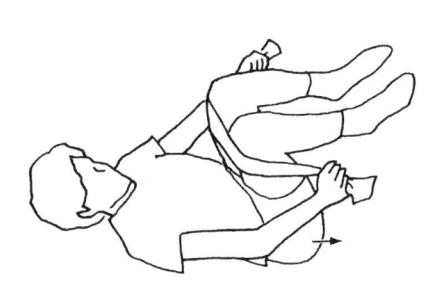

図 20.9　腹部の筋力を強化するアイソメトリクス

図 20.10　上腕の筋力を強化するアイソメトリクス

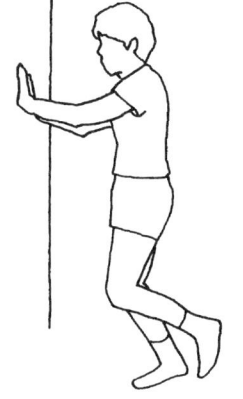

図 20.11　大腿の筋力を強化するアイソメトリクス

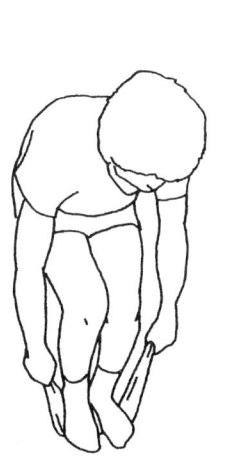

図 20.12　大腿の筋力を強化するアイソメトリクス

図 20.13　下腿の筋力を強化するアイソメトリクス

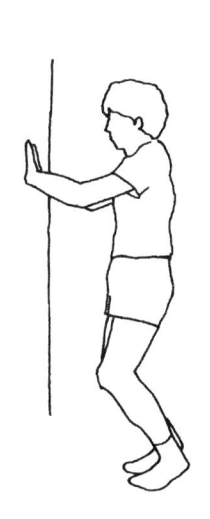

⑥ **腹部の筋力強化**（図 20.8）

両膝を 90 度に曲げて，仰向けに寝る．両手を前に突き出すようにして上体を床から上げる．同時に，両足を床から離す．この姿勢を 7 秒間保持する．

⑦ **腹部の筋力強化**（図 20.9）

両膝と腰を 90 度に曲げて，仰向けに寝る．膝のあたりにタオルを当て，両端をもつ．両膝を胸の方に引き寄せるときに，両手でタオルを押す．7 秒間全力で押し合う．

⑧ **上腕の後部の筋力強化**（図 20.10）

右腕の手の平を上にして，肘を 90 度に曲げる．右手首の下に左手を当てる．右腕を伸ばすと同時に，左腕で右腕を押す．7 秒間，全力で押し合う．次に，腕を入れ替えて同様の運動を行う．

⑨ **大腿の筋力強化**（図 20.11）

右足を床から離して，左足だけで立つ．手はバランスをとるために壁などにつけてもよい．左足の膝を 100 度ほどに曲げる．その姿勢を 7 秒間保持する．次に，足を入れ替えて同様の運動を行う．

⑩ **大腿の筋力強化**（図 20.12）

両足の裏にタオルを回して，両端を手でもつ．膝と腰を 90 度曲げるようにする．この状態からタオルを離さないで両膝を伸ばすようにする．全力で 7 秒間，この姿勢を保持する．

⑪ **下腿の筋力強化**（図 20.13）

両かかとを上げて，爪先立ち姿勢をとる．この姿勢を 7 秒間保持する．

20.3　ストレッチング

体を柔軟にして，関節が大きく動くようにするためには，ストレッチングを行うのがよい．ストレッチングは，筋肉をゆっくり，痛みを感じない程度まで伸ばして，その状態を 10〜20 秒ほど保持する運動である．1 つのストレッチングを 2〜3 回くり返す．安全にストレッチングを行うために，はずみをつけたり，痛みを感じるまで伸ばしたり，他人に押してもらったり引いてもらわないようにする．さらに，できるだけリラックスして行う，呼吸も自然に行うようにすることもたいせつである．

ストレッチングにはさまざまな方法があるが，ここでは基本的なストレッチを

20.3 ストレッチング　191

①首のストレッチング

②体側のストレッチング

③肩のストレッチング (1)

④肩のストレッチング (2)

⑤背・腰のストレッチング

⑥ふくらはぎのストレッチング

⑦太もも後面のストレッチング

⑧全身のストレッチング

図 20.14　部位別の基本的なストレッチング

紹介する（図20.14）[5]．

① 首のストレッチング
両手を組んで後頭部に当て，頭を前に傾ける．その姿勢を保つ．

② 体側のストレッチング
頭の上で両手を組んで，上体を左に倒す．その姿勢を保持する．反対側も同様に行う．

③ 肩のストレッチング（1）
右腕を首の前にもってきて，その肘に左手を当てる．左手を体の方へ引き寄せて，右の肩を伸ばす．反対側も同様に行う．

④ 肩のストレッチング（2）
右腕を頭の後ろにもっていき，肘を曲げる．右肘に左手を当てる．右肘を左肩の方へ引く．その姿勢を保持する．反対側も同様に行う．

⑤ 背・腰のストレッチング
かがみこんだ姿勢で両膝の間に体を埋める．背中をできるだけ丸くして，腰も低く保つ．

⑥ ふくらはぎのストレッチング
壁に両手をついて足を前後に開き，前の足の膝を曲げて腰を前方へ押し出していく．両足とも，つま先はまっすぐ前に向け，足の裏は床につけておく．反対側も同様に行う．

⑦ 太ももの後面のストレッチング
仰向けに寝て左膝を抱えて胸の方へ引き寄せる．右脚は伸ばしたままにしておく．背中は床につけたままにする．その姿勢を保持する．反対側も同様に行う．

⑧ 全身の運動
仰向けに寝て，両脚はまっすぐにしてつま先まで伸ばす．両手は頭上に伸ばす．全身をよく伸ばして，その姿勢を保持する．　　　　　　　〔湯浅景元〕

参 考 文 献

1) 湯浅景元監修：ダイエットウォーキング，p.12-13, 女子栄養大学出版部，1998.
2) 湯浅景元：筋肉—筋肉の構造・役割と筋出力のメカニズム，p.151-212, 山海堂，1998.

21
スポーツを利用した体力づくり

　スポーツには，国民が生涯にわたり健康で明るく充実した生活を送るために日常的に実施する「生涯スポーツ」がある．大学生時代からスポーツに親しみ，生涯にわたって健康を維持するための運動習慣を養うことが望まれる．

21.1 体力づくりを目指したスポーツの習慣化

　生涯学習で何を学びたいかを調査した結果が紹介されている[2]．20歳代から60歳以上の人たちの中で健康のためにスポーツを行いたいと答えている人は60％に達している．単に長生きするだけではなく，健康で長生きし，余暇時間を充実したものにしたい，という個人的願いが多くの人たちに浸透している．活動的な生活を送るためには，生涯にわたって体力を維持する必要がある．そのための方法の1つにスポーツの実施がある．

　スポーツには体力の向上，精神的ストレスの解消，社会参加といった効果がある（表21.1）．若い頃からスポーツに親しみ，スポーツを習慣化することも体力づくりに役立つ．

21.2 生涯にわたる体力づくりのためのスポーツ

　多くのスポーツは，勝敗を重視しないで，楽しみながら体力づくりを行うことを目的にすれば，かなりの高齢まで行うことができる．ここでは，主な生涯スポーツの実践方法について紹介する．

a．生涯スポーツの種類と実践方法

　いろいろな種類の生涯スポーツが紹介されている[2]．それぞれのスポーツの特徴や方法を簡単にまとめてみよう．

21. スポーツを利用した体力づくり

表 21.1 いろいろなスポーツの特性（波多野，1979 年より一部改変）

種目	筋力瞬発力を向上	持久力向上	敏捷性向上	柔軟性向上	微妙な技術が必要	ストレス発散に有効	仲間との交流を増す	軽度の運動	激しい運動	マイペースが可能	若者向き	中高年向き	女性向き	男女一緒にできる	手ごろな費用	競技性が強い	屋内でできる	屋外でできる
ゴルフ	○				○	○	○			○		○	○	○				○
サイクリング		○				○				○	○	○	○	○	○			○
ボウリング					○	○	○			○		○	○	○	○		○	
バドミントン		○	○		○		○			○	○	○	○	○	○		○	
ハイキング		○				○	○			○	○	○	○	○	○			○
水泳		○		○		○			○		○	○	○				○	○
野球・キャッチボール			○		○		○				○		○	○	○			○
バレーボール	○		○				○		○		○			○	○		○	
テニス		○	○		○		○		○		○	○	○	○		○		○
卓球			○		○		○				○	○	○	○	○		○	
サッカー	○	○	○		○		○		○		○			○		○		○
ラジオ体操				○				○		○		○	○	○	○		○	
スキー・スケート			○		○	○	○				○			○				○
登山		○				○	○			○		○	○	○	○			○
キャンプ						○	○	○		○	○	○	○	○	○			○

1) サッカー

サッカーは，常にジョギングで体を移動させ，自分のところにボールが来たら全力で走って，キックする．有酸素運動（ジョギング）と筋力トレーニング（ダッシュとキック）を合体させた運動を行うことができる．また，ボールをドリブルするときにはバランスをとらなければならないので，神経系を活性化することもできる．ただし，サッカーの運動量はかなり高いので，日ごろからジョギング，レジスタンス，ストレッチングといった基本的なトレーニングを行っておくことが必要である．

2) ゴルフ

ゴルフは，1 ラウンド回るとおよそ 6 km を歩くことになるので，有酸素運動としての効果が期待できる．キャディーやカートを利用しないで回れば，8 kg ほどあるバッグを自分でかついで歩くことになるので，運動量はさらに増して，

持久力の向上や肥満予防などに効果的になる．

　コースに出るのではなく，練習場でティーショットの練習を30分行ったときには120～150 kcalのエネルギーを消費する．しかし，心拍数は平均すると100～110拍／分であり，有酸素運動としては強度が低い．したがって，練習場でティーショットを行うときには，ティーショットの練習を終えたあとに15～20分ほどのジョギングを併用すれば持久力を向上させることができる．

　ゴルフは軽い運動で安全だと思われがちであるが，ゴルフ場やゴルフ練習場での死亡事故例が多く報告されている[1]．その原因の多くが心不全や心筋梗塞といった心臓循環器系にある．このような事故を防ぐには，ゴルフを行う前には十分にウォーミングアップを行っておくこと，プレー中に十分な水分を補給することなどが必要である．

3）テ ニ ス

　テニスは，サッカー，バスケットボール，野球などのように相手との接触がないので，ケガをすることは比較的少ない．

　中級クラスの人同士がストロークでボールを打ち合うと，心拍数は150拍／分以上に達することもある．これは，全身持久力を高めるのには十分な強度である．しかし，技倆が低い人の場合にはボールを打ち合うことがむずかしく，運動量もあまり上がらない．ストレス解消や社交には効果的かもしれないが，体力を高めるほどに強度を上げることができない．このような場合には，テニスの熟練者と未熟練者を組み合わせてペアをつくり，ダブルスを行うようにすればよい．

4）水　　泳

　水泳は，全身の筋肉や呼吸循環器系を活動させるので，体力づくりには適した運動の1つだと考えられている．体力づくりに水泳を利用する場合には，心拍数が115～140拍／分くらいになる強度で，1回20分以上，週2回行うのを目安にするとよいと考えられている．この強度は，「ややきつい」～「きつい」と感じる程度である．

　泳ぐことができない人は，水中でウォーキングを行えばよい．腰くらいの深さのプールで，水中をウォーキングするのである．このとき心拍数は140拍／分（「ややきつい」～「きつい」と感じる程度の強度）を維持し，20分間ウォーキングを行う．これによって，全身持久力を高めることができる．

　また，水中でいくつかのエクササイズを行うことにより筋力を強化させること

もできる[3]．

① **肩の筋力強化**（図21.1）：両膝を屈曲して，肩まで水に漬かる．その姿勢を保持して，両肘を90度に曲げる．ランニングのような腕振りを水中で力強く行う．10回×3セットくり返す．

② **腹部の筋力強化**（図21.2）：背をプール壁につけて立ち，上半身が動かないように両腕で固定する．両脚をそろえて立った状態から，腰が90度に曲がるまで両脚を上げたら，下ろす．このような両脚の上げ下ろしを10回×3セット行う．

③ **背部・臀部の筋力強化**（図21.3）：プール壁に向いて立ち，両手でプール壁をもって上体を固定する．両脚をそろえて立った姿勢から，一方の脚を膝を伸ばして後ろへ上げたら，下ろす．脚の上げ下ろしを10回くり返す．次に同様の方法で反対の脚で運動を行う．左右それぞれ3セット行う．

④ **大腿の筋力強化**（図21.4）：背をプール壁につけて立ち，上半身が動かないように両腕で固定する．両膝を曲げて，肩まで水中に漬かるようにする．この姿勢から，両膝が完全に伸びるまで両脚を同時にもち上げたら，下ろす．脚の上げ下ろしを10回くり返す．休みをはさんで3セット行う．

⑤ **下肢の筋力強化**（図21.5）：肩まで水に漬かるまで両膝を曲げたら，全力で真上にジャンプする．このジャンプを休みをはさんで10回くり返す．

5）サイクリング

サイクリングは，サドルに体重をかけるので，膝などに大きな負担がかからないで運動できるという利点がある．そのために，肥満の人でも運動を長時間続けることができる．

サイクリングは，自転車を利用するので，ウォーキングやジョギングほど手軽ではない．しかし，サイクリングを行うことにより，楽しみながら心肺機能を強化できるし，自然の中を自転車で走ることによりストレスを解消する効果もある．

6）フライングディスク

プラスチック製の円盤（フライングディスク）を投げるスポーツである．フライングディスクの持ち方にはいろいろな方法がある（図21.6）．適当な持ち方と投げ方で，飛距離や正確性を楽しむスポーツである[7]．

図 21.1　肩の筋力を強化する水中運動

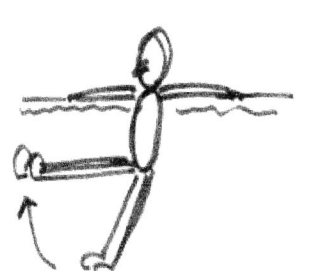

図 21.2　腹部の筋力を強化する水中運動

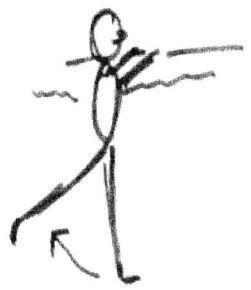

図 21.3　背部・臀部の筋力を強化する水中運動

図 21.4　大腿の筋力を強化する水中運動

図 21.5　下肢の筋力を強化する水中運動

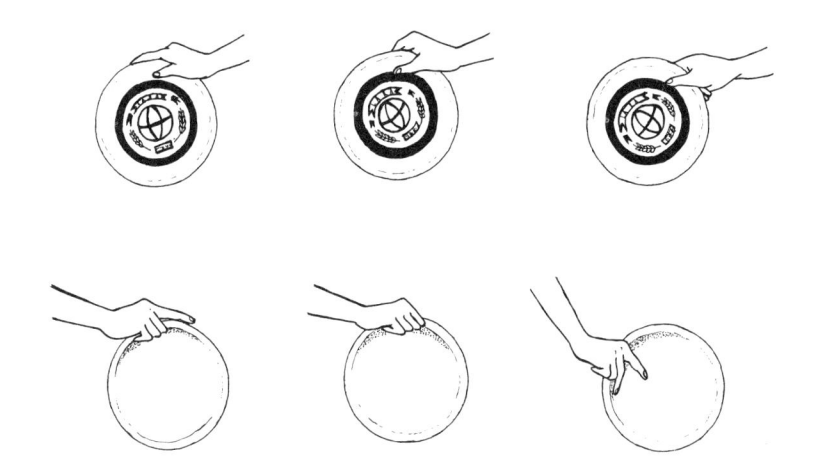

図 21.6　フライングディスクの持ち方

7） グラウンドゴルフ

ルールの基本はゴルフと同じである．目標のホールポストに少ない打数でボールを入れた方が勝ちとなる．直径6cmのボールを木製のスティックで打ちながらプレーする（図21.7）．庭などで手軽にできるスポーツである．コースは自分たちで適当につくればよい（図21.8）．

ボールを押し出したり，かき寄せたときは2打と数える，ホールインワンは合計打数から3打差し引いて計算する，紛失ボールは1打を与えるなどのルールがあるが，自分たちで適当にルールを決めて楽しむこともよい．

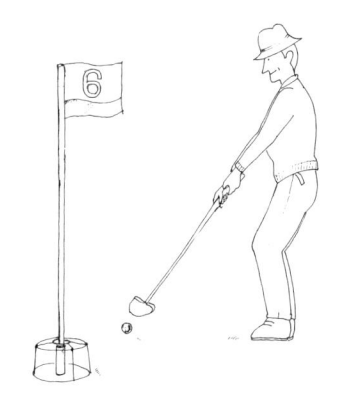

図21.7 グラウンドゴルフ

8） パークゴルフ

ゴルフと同様にできるだけ少ない打数でボールをホールに入れることを競うスポーツである．普通のゴルフと異なって，パークゴルフでは1本のクラブだけを

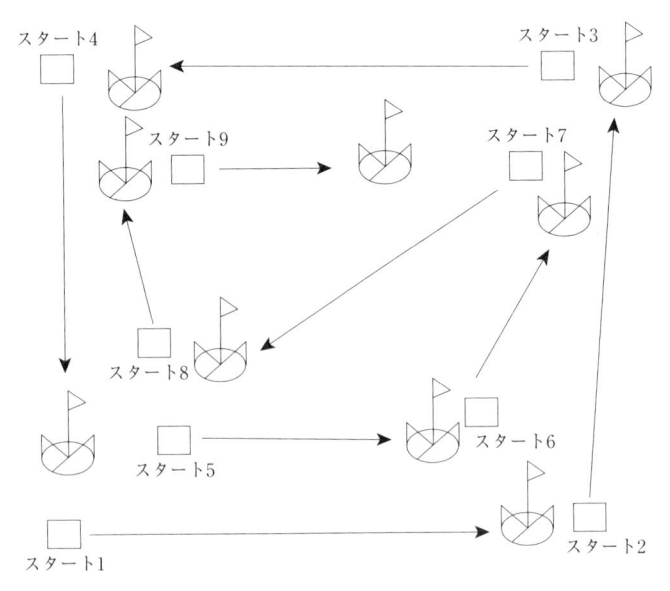

図21.8 グランドゴルフのコースの例

使用する．パークゴルフのクラブの形は，ゴルフのウッドの先を平らにしたようである．クラブの打球面には傾斜角度がついていないので，ボールを高く打ち上げることはできない．また，ボールも大きくできているので，ホールまでの距離は短くできる．ホールの直径は 20 cm を標準にしている．

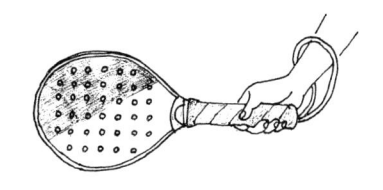

図 21.9　パドルテニスのラケット

1 ラウンドは 18 ホール，パー 66 が基本である．1 ホールの距離は 20〜100 m であり，普通のゴルフよりも狭い場所で楽しむことができる．

9）パドルテニス

ラケットは，パドルという卓球よりも大きく，テニスよりも小さなものを使用する（図 21.9）．コートはテニスコートの半分である．バドミントンコートを使用することもできる．ボールは公式テニスに似た専用ボールを使用する．

サーブは 1 回しかできないが，腰より高い打点で打つことはできない．サーブは，ライン後方であればバウンドさせても，ノーバウンドで打ってもよい．ただし，どちらの打ち方をするにせよ，セット中はその打ち方を変えてはいけない．4 ポイント先取した方が勝ちになるが，得点の数え方は硬式テニスと同じである．

10）インディアカ

ゲームはバドミントンコートで，バドミントンのネットを利用して行う．大きな羽を素手で打ち合って得点を競うスポーツである．ルールは 6 人制バレーボールに準じている．1 チーム 4 名でゲームを行う．サービスはアンダーハンドで 1 回だけ打つ．変化球は認められない．1 セットで 15 点先取した方が勝ちとなる．

11）ダーツ

直径 46 cm の的（ダーツボード）に 3 本の矢を投げて，得点を競い合うスポーツである．的はスローイングラインから 237 cm 離れた壁に，床から 173 cm の高さのところにとりつける．

最初に矢を 1 本ずつ投げて，中心に近く投げた方が先攻とする．もし同じときはもう一度投げる．3 本の矢を 1 本ずつ投げて交代する．ボードに刺さらなかったときは無効になる．ダーツボードには数字が表示されている．20 のシングルに刺さると 20 点，20 のダブルに刺さると 40 点，20 のトリプルに刺さると 60 点

になる．中心の円に刺さると，シングルブルでは25点，ダブルブルでは50点となる．

　一般的なゲームの方法は，持ち点をあらかじめ決めておき，刺さった得点を差し引きながら早く0点になった方が勝ちとなるものである． 〔湯浅景元〕

参 考 文 献

1) 吉原　紳：ゴルフ場・ゴルフ練習場における安全対策の実態（坂本静男編：スポーツでなぜ死ぬのか―運動中の突然死を防ぐには―），メトロポリタン，1995.
2) エイジング総合研究センター：高齢社会の基礎知識，中央法規出版，1993.
3) 馬場哲雄，一番ヶ瀬康子監修：生涯スポーツのさまざま，一橋出版，1997.
4) J.A.クラセベック，D.C.グライムズ；柴田義晴，神戸周監訳：楽しいウォーターエクササイズ，大修館書店，1993.

索　　引

ア　行

RPE　132
アイシング　117
アイソメトリクス　73, 187
active recovery　115
アジリティディスク　62
アスパルテーム　128
アセトアルデヒド　12
圧痛テスト　136
圧迫骨折　172
アミノ酸　80, 83, 109
アルコール　12, 94, 156
アンモニア　137

異化過程　84
1日あたり推奨許容量　86
一過性の疲労　104
飲酒　12, 156
インスリン　109
インスリン様成長因子　85
インターバル・トレーニング　42
インディアカ　199

ウェイトコントロール　186
ウォーキング　185, 186
腕立て伏臥腕屈伸　25
運動強度　179
運動習慣　12
運動神経系の反射機能遅延　148
運動性貧血　106, 169, 171
運動性無月経　107
運動療法　71

エアロビクス　184
栄養　78
栄養素　78
ADH　123
エストロゲン　163
SPF　144
エネルギー供給　76
エネルギー源　96
エネルギー消費量　70, 98
エピネフリン　181
FSH　162
エラスチン　141
LH　163

カ　行

塩分　123, 125
黄体　164
黄体化ホルモン　162
黄体ホルモン　163, 165
オーバースピードトレーニング　65
オーバートレーニング　130
オリゴ糖　127
温熱療法　118

カーフ・レイズ　22, 73
活動代謝量　70, 73
カテコールアミン　137
果糖　105
下半身肥満　68
カフェイン　95
過負荷の原理　19
体ほぐし　48
カルシウム　90, 105, 107
カルシトニン　29, 90
間質液　122
関節可動範囲　148
関節柔軟性　137

基礎代謝量　70, 72
喫煙　13, 157, 175
希発月経　166
脚部の運動　73
逆流防止作用　176
休養　114, 119
筋持久力　35
筋柔軟性　137
　　──の低下　148
筋肉量　72
筋力　4

クエン酸　105
ドリ坂走　65
グッドモーニング・エクササイズ　24
クライオセラピー　154
グラウンドゴルフ　196
グリコーゲン　108
グリコーゲン・ローディング　100
クーリングダウン　115
グルコース　127

クレアチンリン酸　88
月経異常　107, 166, 167
月経困難症　164, 165
月経周期　162, 163, 165, 166, 167
月経前症候群　165
血漿　122
欠食　11
血中アルコール濃度　156
ケトステロイド　133
ケラチノサイト　140
牽引トレーニング　65
健康障害　68
健康状態　7

膠原線維　141
抗酸化剤　98
高糖質食　100
抗利尿ホルモン　123
呼吸機能　176
骨塩量　90, 172
骨格筋　19
骨格の配列異常　148
骨芽細胞　28
骨粗鬆症　27, 107, 172
骨密度　30, 109
個別性の原則　5
コラーゲン　141
コルチゾール　137
ゴルフ　194
コレステロール　80, 110
コンディショニング　131
コンディション　131
コントロールテスト　137

サ　行

サーキット・トレーニング　40
サイクリング　196
最終生産物阻害　86
最大骨塩量　173
最大酸素摂取量　36
細胞外液　122
細胞内液　122
サウナスーツ　127
サッカー　194
サプリメント　109
サンスクリーン剤　143
サンタン　143

サンバーン 142

GnRH 162, 163
シークェンス・トレーニング 40
色素細胞 140
持久力 3, 35, 95
脂質 79, 107
視床下部 123
脂肪 76
循環血液量 176
生涯スポーツ 193
脂溶性ビタミン 81
上半身肥満 68
消費エネルギー量 70
ジョギング 40
食事 78
食事制限 71
食事誘発生体熱産生 110
食事療法 71
食生活 11
食物繊維 95, 110
初経 162
女性ホルモン 29, 107, 173, 174
暑熱順化 125
身長 2
伸張反射 117
浸透圧受容器 123
真皮 141

水泳 195
水分 123
水分摂取 101
水溶性ビタミン 81
スクワット 20
スクワット・ジャンプ 21
スタティックストレッチング 116
スタミナ 95
スタンディング・バック・キック 22
スタンディング・プレス 25
スタンディング・レッグ・レイズ 21
ステビア抽出物 127
ストレートアーム・レイズ・アンド・ダウン 25
ストレッチング 46, 48, 116, 150, 184, 190
スポーツ飲料 127
スポーツ性貧血 98
スポーツトレーニング 167
スポーツの習慣化 193

生活習慣病 91
生活パターン 7
性腺刺激ホルモン放出ホルモン 162
成長因子 85
成長ホルモン 3, 85
静的ストレッチング 116
性ホルモン 33
清涼飲料水 127
世界保健機構 85
積極的休息 115
赤血球破壊 166
摂取エネルギー量 70
セルフチェック 136
線維芽細胞 141
全身運動 178
全身持久力 35, 40, 46, 185
漸進性の原則 5
全面性の原則 5

続発性無月経 166
速筋線維 19

タ 行

ダーツ 199
体液 122
体温 125
　――の上昇 180
体脂肪 70, 166
体脂肪率 67, 69, 111
体重 3
体重増加 177
体力 2
体力づくり 184, 193
体力トレーニング 4
ダウンヒルスプリンティング 65
脱水 101, 123
たばこ 157
WHO 86
タンパク合成 84
タンパク質 80, 83, 93, 107
タンパク質代謝 84
タンパク分解 84
弾力線維 141

遅筋線維 19
窒素バランス 84
中枢神経系の先天異常 180
中枢性疲労 97
超回復 114, 138
長時間運動 96
調整力 46

DIT 110
DXA法 30
低血糖 109
低糖質食 100
テーピング 153
テストステロン 133, 137
鉄不足 108
鉄分 126
テニス 195

糖質 76, 79, 108
糖新生 109
動的ストレッチング 116
糖尿病合併妊婦 181
トーイング 65
ドットドリルマットトレーニング 64
トランク・カール 23
トランク・ツイスト 23
トレーニング
　足底の感覚を高める―― 151
　協調性を高める―― 152
　――の原則 5
トレーニング効果 36, 37

ナ 行

ニコチン 13, 158
二次チェック 136, 137
乳酸 137
乳糖 92
尿検査 137
妊婦スポーツ
　――のガイドライン 177
　――の効果 181
　――の実施条件 179
　――の中止の条件 179
　――のリスク 181

熱けいれん 126
熱失神 126
熱射病 126
熱中症 126
熱疲労 126
熱放散 125

ノンレム睡眠 119

ハ 行

パークゴルフ 198
パートナーストレッチング 116
ハイインパクト・トレーニング 33

索　引

背部の運動　73
破骨細胞　28
発汗　124
発がん物質　158
パドルテニス　199
バリスティックストレッチング　116
反応時間　56
反復性の原則　5

PA　145
BMI法　68
BCAA　97
ビタミン　81, 107
　　──の種類　82
ビタミンK　93, 174
ビタミンC　105
ビタミンD　92, 93, 174
ビタミンB群　87, 104
ヒドロキシコルチコステロイド　133
肥満　67, 69
日焼けどめ　143
標準体重　68
表皮　140
疲労　113
疲労骨折　32, 33
疲労困憊　96
貧血　106, 108, 169
敏捷性　56

フィードバック　163
フィードバックシステム　162
フィットネステスト　137

フェイント動作　56
不感蒸散　123
副甲状腺ホルモン　29, 90
副腎皮質ホルモン　87, 175
腹部の運動　72
ブドウ糖　127
プライマリチェック　136
フライングディスク　196
フラクトース　127
プロゲステロン　163
プロテインパウダー　109
プロポーション　17
分岐鎖アミノ酸　84, 97, 105

ペアー・ストレッチング　53
閉経　173
ヘマトクリット値　169
ヘモグロビン　169
ヘモグロビン濃度　111

防衛体力　46
母体心拍数　179
骨のリモデリング　91
POMS　132
保養　119, 121

マ　行

マーカーコーントレーニング　62
マッサージ　117

ミニハードルトレーニング　60
ミネラル　81, 107

無月経　166, 167
無効発汗　125

メカニカルストレス　29
メディカルチェック　180
メラニン　140
メラノサイト　140
免疫グロブリン　137

モデリング　28

ヤ　行

有効発汗　125
有酸素運動　178
UVA　141
UVC　141
UVB　141

ラ　行

ライフスタイル　7
ラダートレーニング　58
卵胞　163, 164
卵胞刺激ホルモン　162

リモデリング　28
リラキシン　177

レジスタンス　184, 187
レジスタンス・トレーニング　34, 187
レッグ・カール　21
レペティション・トレーニング　42
レム睡眠　119

編者略歴

湯浅景元（ゆあさ・かげもと）
1947年　愛知県に生まれる
1971年　中京大学体育学部卒業
1975年　東京教育大学大学院修士課程修了
現　在　中京大学体育学部・教授

青木純一郎（あおき・じゅんいちろう）
1938年　東京に生まれる
1961年　東京教育大学体育学部卒業
1969年　東京教育大学大学院修士課程修了
現　在　順天堂大学スポーツ健康科学部・教授

福永哲夫（ふくなが・てつお）
1941年　徳島県に生まれる
1964年　徳島大学学芸学部卒業
1971年　東京大学大学院博士課程修了
現　在　早稲田大学人間科学部・教授
　　　　東京大学名誉教授

体力づくりのためのスポーツ科学　　定価はカバーに表示

2001年4月10日　初版第1刷
2004年4月1日　　第3刷

編　者	湯　浅　景　元
	青　木　純一郎
	福　永　哲　夫
発行者	朝　倉　邦　造
発行所	株式会社　朝倉書店

東京都新宿区新小川町 6-29
郵便番号　162-8707
電　話　03(3260)0141
FAX　03(3260)0180
http://www.asakura.co.jp

〈検印省略〉

© 2001〈無断複写・転載を禁ず〉
ISBN 4-254-69036-3　C 3075

シナノ・渡辺製本
Printed in Japan